Einwurf

Josef Hochstrasser

Einwurf
Jesus und Mohammed im Gespräch

Mit einem Nachwort von Eduard Kaeser

Rüegger Verlag

Bibliografische Information der Deutschen Nationalbibliothek:
Die Deutsche Nationalbibliothek verzeichnet diese Publikation
in der Deutschen Nationalbibliografie; detaillierte bibliografische
Daten sind im Internet über https://portal.d-nb.de/ abrufbar.

© Rüegger Verlag, Zürich / Chur 2013
www.rueggerverlag.ch
info@rueggerverlag.ch

ISBN 978-3-7253-1006-3

Inhalt

Vorwort   War Jesus ein Moslem?   7

1. Szene   Mohammed provoziert Jesus   9

2. Szene   Gott, Allah – existieren Sie?   15

3. Szene   Evas Ungehorsam – mit grandiosen Folgen   19

4. Szene   Ärger mit den Fundamentalisten   31

5. Szene   «Du bist nicht am Kreuz gestorben!»   43

6. Szene   «Verschleierung? Habe ich nie angeordnet.»   51

7. Szene   Fussball – Religion 1:0   67

8. Szene   Schwierigkeiten mit der anderen Religion   75

9. Szene   Allahs Kinder in Europa   87

10. Szene   Wir sind Brüder   95

Nachwort   Der interreligiöse Dialog – eine Sisyphusarbeit? Von Eduard Kaeser 107

War Jesus ein Moslem?

Wie mich eine Schulstunde zu diesem Buch führte

«Aber Jesus war doch ein Moslem!», beteuerte die 14-jährige Muslima. Sie war eine meiner Schülerinnen an der Kantonsschule Zug. Wir erörterten in jener Lektion die Figur Jesu und waren uns, bis auf Salma, einig: Jesus war ein Jude. Immer vehementer aber vertrat Salma ihre eigene Position, schon bald in schierer Verzweiflung und den Tränen nahe. Ein Schüler eilte an die Wandtafel, zog mit weisser Kreide einen Strich, markierte das Jahr null der modernen Zeitrechnung und führte mit roter Kreide den Strich weiter bis zum Jahr 570. «In diesem Jahr tauchte mit der Geburt eures Propheten Mohammed der Islam erst auf, also konnte doch Jesus, der Jahrhunderte vorher auf die Welt kam, gar kein Moslem sein», appellierte er an die Logik seiner muslimischen Klassenkollegin. Salma vergrub ihr Gesicht, schwieg, fing an zu weinen und drohte mit ihrem Vater, der mir als Lehrer schon beibringen würde, wie es wirklich ist.

Salma wurde zur Aussenseiterin, erst recht, als sie bald nach diesem Vorfall mit Kopftuch im Unterricht erschien. Ob ich es ihr als Fehler ankreiden würde, sollte sie in der nächsten Prüfung darauf bestehen, Jesus als Moslem zu bezeichnen, fragte sie mich kleinlaut. Ich bejahte. Erneut bemühte sich die Klasse, Salma die Augen zu öffnen. Vergebens. Ich ermunterte sie, mit ihrem Vater zu reden. «Aber Sie müssen wissen, er ist ein streng gläubiger Moslem!», quittierte sie meinen Mut. Ich spürte, Salma stufte die Autorität ihres Vaters viel höher ein als meine.

Kurze Zeit später erschien Salma strahlend zum Unterricht. «Mein Vater hat mir alles erklärt», freute sie sich. «Und? Wer hat nun recht?», fragte ich, «dein Vater oder dein Religionslehrer?» Spannung in der Klasse. «Beide!», lachte Salma erleichtert. «Mein Vater sagte mir, Jesus sei wegen seiner Aufgabe als Prophet ein Gesandter Allahs, genau wie Mohammed, er sei also durchaus ein Moslem. «Aber nicht im historischen Sinn!», präzisierte ich. «Nein!», bestätigte Salma. Grosses Aufatmen im Klassenzimmer.

Was ist damals passiert? Wir haben uns hinter ganz bestimmten Betrachtungsweisen über Jesus verschanzt, die Klasse, Salma und der Lehrer. Die Fronten verhärteten sich. Eine klare Sicht war nicht mehr möglich. Jede Partei pochte darauf, recht zu haben. Wir endeten zunächst in der Sackgasse. Und genau dort drohte das Verständnis für den anderen Blickwinkel verloren zu gehen.

Schliesslich rettete uns die Gnade, dranzubleiben. Sie führte uns auf die Spur des Dialogs.

Diese und andere Erfahrungen im Umgang mit muslimischen Mitmenschen machen mir immer wieder bewusst, was für eine enorme Bedeutung dem Dialog zwischen den Religionen zukommt. Christen und Moslems zusammen machen zwei Drittel der Menschheit aus. Wenn es ihnen gelingt, miteinander einen verständnisvollen Dialog zu führen, und wenn daraus auch noch Taten folgen, dann könnte die Welt ein menschlicheres Gesicht bekommen.

Irgendwann hatte ich die Idee, die beiden grossen Gestalten des Christentums und des Islams zu einem Dialog einzuladen. Das Gespräch soll an einer Bar im Paradies stattfinden. Aus der Vogelperspektive erörtern Jesus und Mohammed aktuelle Fragen und Themen der Weltgemeinschaft am Beginn des 21. Jahrhunderts. Dabei mischt sich der Barkeeper munter in den Dialog ein.

Allzu gerne hätte ich neben dem christlichen Begleittext auch eine muslimische Stimme mit ins Boot geholt, am liebsten eine Muslima. Allein, das gelang in der verfügbaren Zeit nicht. So bleibt der Dialog auf Erden in diesem Buch vorläufig noch bruchstückhaft. Sollte dieses Buch eine neue Auflage erfahren, geht meine herzliche Einladung an die Muslime, die Chance des Dialogs zu ergreifen.

Oberentfelden, im April 2013   Josef Hochstrasser

1. Szene Mohammed provoziert Jesus

Barkeeper: Hallo, die Herren! Was darf ich bringen?

Jesus: Bitte einen Cynar sec, ohne Eis.

Mohammed: Einen Tee, bitte.

Jesus: Moment, wo bin ich überhaupt?

Mohammed: Du bist auferstanden, Jesus von Nazareth! So, wie es Milliarden deiner Anhänger schon immer geglaubt haben.

Jesus: Ich habe so viele Anhänger?

Barkeeper: Aber noch nichts zu trinken.

Jesus: Hast du Wein vom See Genezareth?

Barkeeper: Ein Glas?

Jesus: Zwei, bitte. Dem Herrn hier auch eines.

Mohammed: Danke, heute kein Alkohol. Ich bleibe beim fantastischen Drink des Barkeepers.

Jesus: Ich hatte vielleicht dreissig, vierzig treue Freunde, die mit mir damals auf Erden durch die Lande zogen.

Barkeeper: Das war vor zweitausend Jahren. Heute bekennen sich zwei Milliarden Menschen zu dir. Du bist ein Weltstar. Was glaubst du, wie ich mich geehrt fühle, dich als Gast in meiner Bar zu sehen.

Mohammed: Und was ist mit mir?

Barkeeper: Sorry, dich kenne ich nicht. Schaust aus wie ein Scheich aus Saudi-Arabien.

Mohammed: Nicht ganz falsch. Saudi-Arabien jedenfalls stimmt. Ich gebe euch ein Stichwort: Mekka!

Barkeeper: Oh, là, là – jetzt wirds heiter.

Jesus: Du kennst ihn, Barman?

Barkeeper: Aber sicher. Das ist Mohammed, der Gesandte Allahs.

Mohammed: Allahu akbar!

Jesus: Wie bitte?

Mohammed: Ich habe gesagt: Allah ist gross! – Der Barkeeper hat recht, ich bin Mohammed, der letzte Prophet Allahs, der auch dein Gott ist, Jesus. Allah hat mir einst in der Wüste die ganze Wahrheit offenbart. Abraham, Mose und du, ihr seid meine Vorläufer.

Jesus: Woher kennst du mich?

Mohammed: Deine Anhänger haben mir in Mekka und Medina von dir erzählt. Du seiest ihr Erlöser. Sie haben dich verehrt, die einen wie einen Gott, andere behaupteten, du seiest der Sohn Gottes. Das fand ich ungeheuerlich. Meinen Leuten habe ich eingeschärft, es gebe nur einen einzigen Gott, es gebe nur Allah, der keinen Vermittler oder Halbgott zwischen ihm und den Menschen nötig hat.

Barkeeper: Ich hatte kürzlich mohammedanische Gäste ...

Mohammed: Ich muss bitten, wenn schon, dann heisst es: Muslimische Gäste ...

Jesus: Ich verstehe nichts.

Mohammed: Später, Jesus.

Barkeeper: Also, ich hatte muslimische Kundschaft an der Bar. Die haben dauernd deinen Namen genannt, respektvoll. In einer kurzen Pause habe ich sogleich «Mohammed» gegoogelt. Mein Lieber, du scheinst damals mächtig aufgeräumt zu haben.

Mohammed: Zu meiner Zeit haben die Menschen in weiten Teilen der arabischen Halbinsel eine Vielzahl von Gottheiten verehrt. Es gab für alle möglichen Lebensbereiche eine Gottheit, an die sich die Leute wandten.

Barkeeper: Was habe ich gelesen? Im Heiligtum von Mekka ...

Mohammed: ... eine Oase in der Wüste, wo ich aufgewachsen bin ...

Barkeeper: ... da standen weit über dreihundert Statuen von Göttinnen und Göttern!

Mohammed: Etwa der syrische Mondgott Hubal, die Sonnengöttin al-Lat, die für die Liebe zuständige Göttin al-Uzza, der Gott al-Kutab, zuständig für Schrift und Weissagungen, oder die Schicksalsgöttin Manat. Sogar von dir, Jesus, und von deiner Mutter Maria fand sich in der Kaaba ein Standbild. Die Christen lehrten, du seiest der menschgewordene Allah.

Jesus: Was sind Christen?

Mohammed: Deine ersten Anhänger waren ja allesamt Juden. Nach deinem Tod haben sich einige Juden von ihrem Glauben losgesagt. Auch andersgläubige Menschen aus allen Gegenden des Römerreichs kamen dazu. Bald einmal nannten sich die Anhänger dieser neuen Bewegung Christen.

Jesus: Am letzten Tag meines Lebens, an den ich mich erinnern kann, haben mich die Römer ans Kreuz geschlagen.

Barkeeper: Brutale Hunde!

Mohammed: Aber du hast doch damit nicht die Menschheit erlöst!

Jesus: Wer sagt so etwas?

Mohammed: Der Papst in Rom, dein Stellvertreter auf Erden. Der erzählt das überall herum. Du sollst mit deinem Kreuzestod die ganze Menschheit erlöst haben. Das ist die offizielle römisch-katholische Lehre.

Jesus: Das kann gar nicht wahr sein. Ich habe nie einen Stellvertreter ernannt und schon gar keinen Nachfolger eingesetzt. Daran habe ich keinen einzigen Gedanken verloren. Ich bin am Folterinstrument der Römer krepiert wie ein Tier. Dann muss ich im Grab verwest sein wie jeder andere Mensch auch.

Mohammed: Am dritten Tag seiest du auferstanden.

Barkeeper: So steht es in den christlichen Schriften. Ich hole gleiche eine Bibel.

Jesus: Das gibt es nicht, der Barkeeper hat hinter der Schnapswand eine Bibel liegen. Raffiniert.

Mohammed: Und?

Jesus: Ein glattes Missverständnis! Während der paar Jahre meines öffentlichen Wirkens begegnete ich Menschen, die wie tot waren. Ihr Schicksal drückte sie buchstäblich zu Boden. Ich habe mich um sie gekümmert, bin auf sie eingegangen, versuchte mich mit ihrem Los zu identifizieren. Schliesslich brachte ich sie so weit, dass sie wieder aufstehen konnten. Aber dieses Aufstehen geschah mitten im Leben, nicht erst nach dem Tod.

Mohammed: Und wie, bitte, muss ich mir dieses Aufstehen vorstellen?

Jesus: Ich bin einer Frau begegnet. Sie kam aus Kanaan. Dort lebten Menschen, die nicht einwandfrei jüdisch waren, unreine also. Ich hörte mir den Kummer dieser Frau an. In den Augen der Gesetzeshüter machte ich dabei Fehler, die allesamt schwer wogen.

Barkeeper: Als Jude hättest du nicht mit einer Frau reden dürfen.

Jesus: Ich hätte mich nicht mit dieser Frau unterhalten dürfen. Als Kanaanäerin stammte sie aus einer unreinen Kultur. Obendrein hatte sie zu Hause noch eine besessene Tochter, die nach traditionellem Denkmuster deswegen psychisch krank war, weil sie gesündigt hatte.

Mohammed: Ausgerechnet eine Frau brachtest du zur Auferstehung?

Jesus: Wo ist das Problem?

Barkeeper: Ups, jetzt wird es heikel! Darf ich den Herren noch einen Drink bringen?

Jesus: Nicht ablenken, Barman. – Tatsächlich wurde mir meine jüdische Erziehung fast zum Verhängnis. Zuerst hörte ich der Frau gar nicht zu. Auch meine Begleiter taten alles, mich von ihr abzuhalten. Wirf die Perlen unserer jüdischen Religion nicht den Schweinen vor die Füsse, haben sie mich ermahnt. Ich weiss nicht, warum ich bei dieser Frau blieb.

Mohammed: Du hast mit einer heiligen Tradition deiner jüdischen Glaubensbrüder gebrochen.

Jesus: Die Frau war hartnäckig, liess einfach nicht von mir los. Und wie sie so inständig bettelte, wuchs meine Zuneigung zu ihr.

Barkeeper: Mach ihm doch keine Vorwürfe, Mohammed. Liegt doch auf der Hand. Unser Freund Jesus hat sich in diese Frau verliebt!

Jesus: Das ist deine Welt: Die Bar, Alkohol, Erotik und Frauen. Eine andere scheinst du nicht zu kennen. – Verstehst du Griechisch, Mohammed?

Mohammed: Kein Wort. Aber deine Erklärung interessiert mich.

Jesus: Ich empfand Sympathie für die Frau.

Barkeeper: Sagt ich es doch!

Mohammed: Halt du dich da mal zurück.

Jesus: Das Wort Sym-pathie stammt ...

Barkeeper: ... Sekunde, gleich spuckt es Google aus.

Jesus: Noch kann ich selber denken ... stammt aus der griechischen Sprache. Übersetzt heisst es Mit-Leiden. Genauso fühlte ich der Frau gegenüber. Ich hatte Mitleid, ich litt mit ihr, ohne dafür einen Gegenwert einzufordern. So schöpfte die Kanaanäerin wieder Vertrauen ins Leben.

Mohammed: Trotzdem hast du die Tradition verletzt.

Jesus: Als Prophet müsstest du besser verstehen als manch anderer: Auf Erden müssen die Menschen gegen ungerechte gesellschaftliche Verhältnisse aufstehen, auch gegen sinnlos gewordene Traditionen. Das macht die Religion zu ihrer wahren Kraft. Auf Erden! Nicht erst im Himmel. Was nützt es, wenn die Leute sich bloss an mich erinnern, meine Taten bewundern und dabei die Hände in ihren Schoss legen?

Mohammed: Aber du selber bist in eine jenseitige Welt auferstanden. Das behaupte nicht ich, das lehren deine Nachfolger. Die Päpste!

Jesus: Unsinn!

Mohammed: Das ist aber der Grund des christlichen Hauptfestes im Frühling. An Ostern feiern die Christen deine Auferstehung.

Barkeeper: Schau dir mal die Fernsehübertragung zum Osterfest vom Petersplatz in Rom an. Das ist wohl eine Show! Dauert gegen drei Stunden. Alles nur wegen dir. Am Schluss ruft der Papst seinen Fans zu: Christus ist auferstanden!

Jesus: Wer soll auferstanden sein?

Barkeeper: Du. Christus ist nur ein anderer Name für dich.

Mohammed: Der Papst verkündet deine Auferstehung schon in über sechzig Sprachen. Ehrlich, ich habe auch schon reingeschaut.

Barkeeper: Der Neid hat dich gefressen. Gibs zu.

Jesus: Alle diese Leute berufen sich wirklich auf mich?

Mohammed: Klar. Verstehst du jetzt, Barman, warum der Ausdruck «mohammedanisch» falsch ist?

Barkeeper: Ich komme nicht drauf.

Mohammed: Dieser Mann hier spielt bei den Christen wirklich die erste Geige. Er steht im Zentrum. Jesus hat mit seiner Lebensführung Gott bekannt gemacht. Ein Moslem orientiert sich nur an Allah. Ich bin bloss dessen willenloses Sprachrohr.

Barkeeper: Für die Christen würde ich meine Hände nicht ins Feuer legen. Für manch einen von ihnen steht der Papst über dir, Jesus.

Mohammed: Ich kenne die Bibel der Juden und Christen, Wanderprediger aus Nazareth. Lies dieses Buch, den Koran, die heiligen Worte Allahs.

Barkeeper: Er kann doch gar nicht lesen.

Jesus: Das alles hast *du* geschrieben, Prophet Allahs?

2. Szene **Gott, Allah – existieren Sie?**

Jesus: Du hast 600 Jahre nach meinem Tod eine Weltreligion gegründet, Mohammed?

Mohammed: Den Glauben an den einen einzigen Gott mitten unter den einflussreichen Polytheisten Mekkas neu begründet habe ich schon.

Barkeeper: Nur unter den Polizisten Mekkas?

Jesus: Köstlich, unser Barman offenbart eine kleine Bildungslücke.

Mohammed: Macht aus Polytheisten Polizisten.

Barkeeper: Ich habs schon.

Jesus: Es lebe unser Internet-Freak!

Barkeeper: Polytheisten: Menschen, die viele verschiedene Gottheiten verehren.

Mohammed: So ganz falsch liegt unser Mann hinter der Theke nicht. Die führenden Männer Mekkas gebärdeten sich tatsächlich wie eine Religionspolizei.

Barkeeper: Und du, Rabbi Jesus? Du hast doch auch eine Weltreligion gegründet.

Jesus: Nenne mich nicht Rabbi. Ich war keiner. Eine Weltreligion habe ich auch nicht ins Leben gerufen.

Mohammed: Dennoch gibt es heute das Christentum und den Islam, und wir beide gelten als ihre Gründer. Über drei Milliarden Menschen gehören insgesamt diesen Glaubensgemeinschaften an. Beinahe die Hälfte der Weltbevölkerung.

Jesus: Verrückt! Die halbe Menschheit glaubt an einen einzigen Gott, und die Welt ist in einem derart schlechten Zustand. Kein Wunder, wenn der überwiegende Teil aller Gläubigen das Leben nach dem Tod zum Zentrum ihrer Religion erklärt

Mohammed: Du wirst doch an das Paradies glauben?

Barkeeper: Daran glauben? Müssen wir doch nicht. Wir sind schon mittendrin. Schaut euch um: Kühle Drinks, Dolce far niente, überall attraktive Menschen, nicht die geringsten Probleme, Frieden, Palmenstrände so weit das Auge reicht ...

Jesus: ... Hör auf! Ist zwar angenehm hier, aber mich interessiert, was auf der Erde passiert. Einer deiner muslimischen Anhänger, ein so genannter Salafist, ...

Mohammed: ... Nein, nein, lass für einmal ...

Jesus: ... deine Google-Manie grenzt ja schon an Götzendienst!

Barkeeper: Hoffnungslos veraltete Knacker!

Mohammed: Salafisten sind ultrakonservativ. Sie wollen auf Biegen und Brechen die Welt des 21. Jahrhunderts genauso gestalten wie die meine im 7. Jahrhundert.

Jesus: Diese Ultras verteilten jüngst auf den Einkaufsmeilen deutscher Städte eine halbe Million Koranbücher.

Mohammed: Die Menschen sollen auch in Europa dieses wunderbare Werk Allahs kennenlernen.

Jesus: In der Schweizer Stadt Aarau brachten Moslems im typischen Outfit ausgerechnet am Tag vor Ostern Korane unter die Passanten. Den Koran bekannt zu machen, halte ich für sinnvoll. Ihn aber an einem Tag zu verteilen, an dem sich viele Menschen auf das Osterfest vorbereiten, finde ich geschmacklos.

Mohammed: Salafisten brennen eben vor lauter Feuer für Allah.

Jesus: Sie sind so sehr entflammt, dass einer ihrer Chefs in Deutschland sogar am Rundfunk verkünden darf: «Nur wer Moslem ist, kommt ins Paradies! Wer nach seinem Tod als Jude oder Christ oder gar als Atheist vor Allah tritt, der fährt gleich in die Hölle.»

Mohammed: Mit der Vorstellung der Hölle und der Aussicht auf das Paradies stehen und fallen das Christentum und der Islam! Warum sonst soll sich ein gläubiger Mensch Mühe geben, gut zu leben, wenn er nicht mit dem Paradies belohnt wird?

Jesus: Ein gutes Leben gibt auch einem Moslem noch keine Garantie, das Paradies zu erreichen. Du weisst, dass nach muslimischer Tradition Allah willkürlich entscheidet, wer ins Paradies eingehen darf und wer nicht.

Barkeeper: Oh, mir schwant etwas. Du hast im Koran gelesen, wie sonst könntest du das wissen?

Mohammed: Ich habe Jesus eine aramäische Fassung des Korans geschenkt.

Jesus: Meine Informationen habe ich allerdings aus seriösen Kommentaren zum Koran. Da heisst es ferner: Es mag einer gestohlen und betrogen, Menschen umgebracht und hundertmal Ehebruch begangen haben – Allah kann ihn ins Paradies bitten, wenn es ihm gerade passt, und wer sich ein Leben lang bemüht hat, ein guter Mensch zu sein, den verstösst Allah in die Hölle, wenn ihm gerade danach ist.

Mohammed: Allah ist vollkommen frei in seinem Urteil und in nichts gebunden an die Erwartungen oder Leistungen von Menschen.

Jesus: Wie kannst du so reden? Woher nimmst du die Gewissheit, dass Allah existiert? Übrigens, wie kannst du zweifelsfrei wissen, was Allah von den Menschen verlangt?

Barkeeper: Päng! Volltreffer! Wir sitzen hier im Paradies ...

Jesus: ... zumindest deine Bar heisst so ...

Barkeeper: ... und weit und breit kein Allah.

Mohammed: Ich bin geschockt! Nicht wegen dir, Barman, aber der Einwurf von Jesus verunsichert mich. Ich war mir sicher, er glaubt an Gott.

Jesus: Kein Mensch kann sicher sein, dass es Gott gibt. Voreilig ist allerdings auch, wer behauptet, es gebe ihn nicht!

Barkeeper: Das ist ja ein Ding! Dann ist also auch dumm, wer an Gott glaubt!

Jesus: Schau her, unser Mixed-Man kann logisch denken.

Barkeeper: Also, Jesus, ist es so? Wer an Gott glaubt, ist dumm?

Mohammed: Ich laufe weg. Derart respektlos darf man nicht über den Allerhöchsten reden.

Barkeeper: Und du läufst und läufst, bis du deinen Allah findest?

Jesus: Bleib locker, Mohammed. Lauf nicht weg, ich weiss nicht, was ich sonst von unserem Barkeeper allein erwarten könnte.

Barkeeper: Täusch dich nur ja nicht, alter Jude! Du hast wohl keine Ahnung, wie vielen Menschen in Not ich an dieser Bar ihr kleines Fünkchen Lebensfreude wieder zum Brennen gebracht habe.

Jesus: Dein Engagement in Ehren, aber ich will Mohammed fragen: Hast du Allah je mit deinen eigenen Augen gesehen?

Mohammed: Nein! Aber mit allen Fasern meiner Seele und meines Körpers gefühlt.

Barkeeper: Ich könnte ein Buch schreiben über all die Geschichten, Gesichter und Visionen, über die mir gewisse Leute hier erzählen, wenn sie mal ein paar kräftige Drinks intus haben oder gerade auf ihrem LSD-Trip weilen. Nicht selten schütten sie mir dann ihr halbes Leben vor die Füsse, wie einem Beichtvater oder einem Therapeuten.

Jesus: Du willst doch nicht etwa behaupten, Mohammed habe in einem Drogenrausch ...

Mohammed: ... Ich war ein Hanif, ein Gottsucher. Ich nahm keine Drogen zu mir. Immer wieder packte mich eine grosse Unruhe. Ich ahnte, vor einer einschneidenden Erfahrung zu stehen, die von einer anderen Welt her in mein Leben einbrechen wollte.

Barkeeper: Im Ernst, das interessiert mich nun aber doch.

Mohammed: Ich konnte diese Götzenfiguren in Mekka nicht mehr länger ertragen. Erst haben die Menschen diese Standbilder selber hergestellt, und hinterher haben sie von ihnen magische Wirkungen erwartet. Was für eine Selbsttäuschung!

Barkeeper: Und? Weiter!

Mohammed: Eines Tages bin ich hingegangen und habe diese Göttergestalten eigenhändig zertrümmert. Die Sehnsucht nach Schutz und Geborgenheit in einer Kraft, die uns kleine Menschen übersteigt, trieb mich jahrelang um.

Barkeeper: Das war dir Grund genug, den Menschen deiner Heimatstadt Mekka ihre religiöse Existenz unter den Füssen wegzuschlagen?

Jesus: Diese Leute haben ihre Gottheiten mit derselben Inbrunst verehrt wie du den einzigen Gott.

Mohammed: Mit dem Unterschied, dass Allah, dem ich begegnet bin, nicht von Menschenhand gemacht wurde.

Barkeeper: Aber vielleicht vom Menschengeist erfunden.

Jesus: Verzeih mir, Mohammed, wenn ich dich vielleicht verwirre.

Mohammed: Ich spüre, du bist vorsichtig.

Jesus: Ich habe nie behauptet zu wissen, wer Gott ist, nicht einmal, ob so etwas existiert, was die Menschen Gott nennen. Stets war ich überzeugt: All das, was ich tue und was bei vielen Menschen offenbar heilsam wirkte, konnte nicht allein meinen Kräften entspringen.

Mohammed: Rechnest du mit Gott, Nazarener?

Jesus: Ich hoffe auf ihn! Das ist das Einzige, was ich aufrichtig bekennen kann. Alle Streiterei über seine Existenz ist reine Zeitverschwendung. Ich gehe davon aus, Allah würde sich freuen, wenn du nicht weitere Gedanken und Theorien über ihn anstelltest, dich aber umso mehr um das Wohl der Menschen auf Erden kümmertest.

Mohammed: Aber ich habe damals in der Höhle am Berg Hira eine überwältigende Macht erfahren. In tiefer Versenkung hörte ich eine Stimme, die mir eindringlich befahl: Trage vor!

Jesus: Das war Allah?

Mohammed: Wenn es nicht Allah war, dann war es vielleicht der Engel Gabriel, der einst schon deine Geburt verkündet hat.

Jesus: Vom Engel Gabriel hat mir meine Mutter erzählt. Aber sie sagte mir, das sei ein beglückender Traum gewesen, mehr nicht. Es erschien ihr kein realer Engel. Einen Namen nannte sie auch nicht. Mutter erklärte mir, alle Religionen und Kulturen würden solche Wesen kennen, die die Menschen schützen und manchmal in einem Traumbild dazu aufmuntern, dem Leben eine neue Richtung zu geben.

Barkeeper: Deine Mutter war eine kluge Frau.

Jesus: Das mit Gott ist so eine Sache. Ich erinnere mich: Wenige Stunden vor meiner Verhaftung weilte ich im Garten Gethsemane in Jerusalem. Ich hatte fürchterliche Angst. In meiner Verzweiflung suchte ich die Gegenwart Gottes, wünschte mir, er erspare mir den Tod am Kreuz. Ich sehe mich selber am Kreuz hängen und laut schreien: Gott, mein Gott, warum hast du mich verlassen?

Barkeeper: Eine blosse Halluzination in Todesangst!

3. Szene Evas Ungehorsam – mit grandiosen Folgen

Jesus: Über das Leben nach dem Tod weiss ich nichts Sicheres, Mohammed.

Mohammed: Wie kannst du nur so sprechen, Jesus von Nazareth? Deine Anhänger auf Erden glauben zu wissen, dass es ein Weiterleben nach dem Tod gibt.

Barkeeper: Nimm mal an, du gingest jetzt zu ihnen auf die Erde ...

Mohammed: ... und sie würden dich erkennen ...

Barkeeper: ... du nähmest ihnen aber alle Hoffnung auf ein Jenseits ...

Mohammed: ... sie würden dich für einen Spinner halten! ...

Barkeeper: ... Im besten Fall für einen linken Philosophen ...

Mohammed: ... oder sie fielen in eine tiefe Krise, sollten sie deine Echtheit anerkennen.

Jesus: Habe ich je davon gesprochen, die Hoffnung auf ein Leben in einer anderen Wirklichkeit fallen zu lassen? Ich will nur niemandem etwas vorgaukeln, was vor der kritischen Vernunft nicht bestehen kann, was reine ideologische Behauptung wäre.

Mohammed: Ein irdisches Leben ohne Aussicht auf ein Leben nach dem Tod verliert jeden Sinn!

Jesus: Du kannst nicht im Ernst der Ansicht sein, nur ein Leben mit Jenseits-Garantie mache Sinn!

Barkeeper: Was glaubt ihr, wie viele Menschen an dieser Bar herumhängen, ohne Perspektiven, ohne in ihrem Leben einen Sinn zu sehen. Heute Brot, morgen tot! Nix Sinn!

Mohammed: Was ist denn an der Idee von einem Leben im Paradies so falsch? Adam und Eva lebten darin doch glücklich, bis sie dieses zauberhafte Leben selber verscherzten. So glauben Juden, Christen und auch für uns Moslems ist diese Geschichte von existenzieller Bedeutung.

Jesus: Nicht das Bild vom Paradies ist falsch. Den Menschen aber das Paradies zu versprechen, das ist problematisch, ja geradezu gefährlich.

Mohammed: Problematisch?

Jesus: Nimm einen deiner Gläubigen, der sich nur anstrengt, ein guter Moslem zu sein, weil dadurch die Aussicht auf einen Platz im Paradies steigt? Von welcher Qualität sind denn seine Taten?

Mohammed: Glaubst du, ein Mensch in Not interessiere sich im Ernst für den Grund, warum ihm ein Mitmensch geholfen hat!

Jesus: Gewiss nicht! Mir geht es vielmehr um den Helfer. Stell dir vor, er bekäme die verlässliche Information: Das Paradies existiert gar nicht! Wie fühlt sich dann so einer?

Sähe er sich nicht um den erhofften Lohn betrogen? Würde er nicht sofort aufhören, anderen Menschen Gutes zu tun?

Barkeeper: Wenn ich mich hier in meinem Job um jemanden kümmere, dann nur, weil ich ihn, – lieber noch: weil ich sie sympathisch finde.

Jesus: Ich half wahrhaftig vielen Menschen aus ihrer Not, materiell oder seelisch, aber aus innerem Antrieb, nicht weil ich dafür belohnt wurde. Ich wollte, dass es diesen Menschen besser geht. Mehr nicht. Niemals schielte ich nach Anerkennung durch irgendeine Autorität.

Mohammed: Damit schlägst du deinem Gott und meinem Allah die Macht aus den Händen, des Menschen Taten zu belohnen oder zu bestrafen.

Barkeeper: Ihr Juden verehrt einen Gott – hat er auch einen Namen?

Jesus: Streng gläubigen Juden ist es untersagt, seinen Namen zu nennen. Ich habe da keine Probleme. Er heisst Jahwe. Ich nenne ihn viel lieber «Abba». Das heisst Väterchen.

Barkeeper: Ich verstehe nicht. Jahwe. Allah. Also doch zwei verschiedene Götter?

Jesus: Keineswegs! Das sind zwei verschiedene Namen für den Einen, den Einzigen. Wie zwei Seiten derselben Medaille.

Mohammed: Einverstanden. Mich treibt vielmehr die Frage um, warum es gefährlich sein soll, den Menschen das Paradies zu versprechen, wie du eben behauptetest?

Jesus: Deine Koranverse schildern enthusiastisch das Leben im Paradies. In blumigen Bildern machst du dem gottesfürchtigen Moslem die jenseitige Welt schmackhaft.

Mohammed: Was für ein Missverständnis, Jesus! Nicht ich erzähle von prächtigen Gärten voller Wonne, von Bächen mit Wasser, Milch, Wein und Honig, mit erlesenen Früchten und zartestem Fleisch. Allah war es, der mich beauftragt hat, all diese Verheissungen zu verkünden.

Jesus: Und Allah schenkt den Gottesfürchtigen zur Belohnung grossäugige und vollbrüstige Jungfrauen, 72 an der Zahl sollen es sein.

Mohammed: Nimm das alles nicht so wörtlich, Jesus.

Barkeeper: Jetzt plötzlich! Wos doch mal interessant wird. Mit der Aussicht auf 72 jungfräuliche Girls würde ich schon was für das Paradies investieren.

Mohammed: Von 72 Huris ist im Koran nicht die Rede. Das sind Bilder für ein unüberbietbares, ewig währendes Glück. Genauso wie die Vorstellung von den sieben Himmeln. Kein Moslem wird behaupten, drüben in der anderen Welt gäbe es reale sieben Himmel. Diese Zahl zeigt lediglich die unendliche Grösse Allahs.

Jesus: Schau doch nur, was die Versprechungen eines derart attraktiven Paradieses anrichten können, Mohammed! Fanatisierten Männern wird versprochen, direkt ins Paradies zu gelangen, wenn sie als Märtyrer für Allah sterben. In ihrem antrainierten

Hass auf die Ungläubigen und ihrer schieren Verblendung schnallen sie sich einen Bombengürtel um, stellen sich dort hin, wo sie damit rechnen können, möglichst viele Gottlose in den Tod zu reissen und sprengen sich mit verklärtem Gesicht in die Luft, dem sicheren Paradies entgegen.

Mohammed: Zier dich nicht so, Jesus! Deine Anhänger wirkten nach demselben Muster. Hat nicht Papst Urban II. am Ende des 11. Jahrhunderts feierlich zum ersten Kreuzzug gegen die muslimischen Hunde aufgerufen, die angeblich das Heilige Land und Jerusalem beschmutzen? «Deus lo volt!» Mit diesem Schlachtruf hat er den Kreuzrittern den nötigen Hass gegen die Gläubigen Allahs eingeimpft, und das Paradies war diesen christlichen Gotteskämpfern sicher.

Barkeeper: «Deus lo volt»?

Mohammed: Gott will es! Ein Aufruf in einer Mischung aus Latein und Altfranzösisch. Ich habe nachgelesen.

Barkeeper: Krass! Dieser Urban war ein Kriegstreiber. Und missbrauchte als Papst den Namen Gottes.

Jesus: Allerdings. Und die Kirchenfürsten liessen die gutgläubigen und ungebildeten Menschen schwerste Strapazen auf sich laden und schwindelten ihnen vor, wenn sie gehorsam wären, würde ihnen Gott ihre Sündenstrafen erlassen. Zudem wäre ihnen das ewige Leben gewiss.

Barkeeper: Die liefen tatsächlich aus allen Ecken Europas zu Fuss ins Heilige Land?

Mohammed: Einer dieser Kreuzzüge bestand gar mehrheitlich aus Jugendlichen und Kindern.

Jesus: Darum sage ich, all das hat mit dem, was ich einst wollte, überhaupt nichts mehr zu tun. Das waren erbärmliche Machtspiele kranker Despoten, die die Sehnsucht der Menschen nach Anerkennung von Gott schändlich missbrauchten.

Mohammed: Du sprichst in der Vergangenheit, als ob der Handel mit dem Paradies im Christentum heute keine Rolle mehr spielte. Evangelikale Christen legen sich neuerdings verwegen in die Arbeit der Missionierung.

Jesus: Fanatisch wolltest du sagen, nicht verwegen.

Barkeeper: Moment, Evangelikale? Ich hab da was in der Zeitung gelesen. Gewisse jüngere Christen würden sich bewusst in krisengeschüttelte Gegenden der Welt begeben, um sich unter Einsatz ihres Lebens für die Sache ihres Herrn Jesus zu engagieren und im Falle ihres Todes einem gesicherten Leben im Jenseits entgegenzugehen. Die sind so was von verrückt. Ja, richtig, verwegen.

Jesus: Und fanatisch, weil sie nicht mehr kritisch nachdenken und in ihrem Missionseifer überzeugt sind, besonders vorbildlich zu glauben. Von Missionierung habe ich kein Wort gesagt!

Mohammed: Evangelikale verbreiten ihre Botschaft derart vehement, weil sie felsenfest glauben, du kämest erst wieder auf die Erde, wenn alle Menschen die Möglichkeit haben, sich für oder gegen dich zu entscheiden.

Barkeeper: Wäre echt schade, wenn du jetzt abhauen würdest.

Jesus: Ich gehe nicht wieder auf die Erde zurück. Diese verirrten Christen können meine Wiederkunft verkünden, bis sie schwarz werden.

Mohammed: Kann es sein, dass Evangelikale die christliche Religion missbrauchen? Das taten zu meiner Zeit zumindest die Fürsten des Beduinenstammes der Quiraisch. Sie verehrten zwar in frommer Weise die Gottheiten in der Kaaba zu Mekka, während es ihnen in Tat und Wahrheit aber um die wirtschaftliche Kontrolle rund um das Heiligtum ging.

Jesus: Ein Philosoph aus Trier ...

Mohammed: ... Karl Marx! Ich liebe und hasse ihn zugleich.

Barkeeper: Mensch, seid ihr belesen!

Mohammed: Das Leben bietet noch mehr als Abend um Abend bloss Drinks zu mixen und Smalltalk zu halten.

Jesus: Du kannst hassen, Gesandter Allahs?

Mohammed: Marx stammt zwar aus jüdischem Haus, aber er hat später mit seinen Thesen die Religionen verunglimpft.

Jesus: Die Religionen? Marx hat die Kirchenführung schonungslos entlarvt. Die beginnende Industrialisierung verschaffte längst nicht allen Menschen Wohlstand. Es gab viel Elend. Kinder mussten stundenlang unter misslichen Verhältnissen beim Brotverdienen mithelfen. Marx kritisierte aufs Schärfste, die Kirchenfürsten schlügen sich auf die Seite der Fabrikunternehmer und wiesen ihre Gläubigen an, ihren jämmerlichen Zustand geduldig zu ertragen, sie würden im Himmel dafür umso reichlicher belohnt.

Barkeeper: Stimmt doch, bei mir an der Bar.

Jesus: Die These von Karl Marx analysiert messerscharf: Religion ist Opium des Volkes.

Barkeeper: Moment, da kenne ich mich wohl besser aus als ihr beide zusammen. Drogen dröhnen zu, lassen vergessen. Der Typ von Trier hat schon recht. Aber dann der Kater, wenn die Wirkung der Droge verpufft ist.

Jesus: Wenn schon, dann lieber echte Drogen zur Betäubung unerträglicher Verhältnisse. Religion als Droge? Wie erbärmlich!

Barkeeper: Ich habe gemeint, Religion dürfe trösten.

Jesus: Kennt ihr die Geschichte vom Ablasshandel?

Mohammed: Kein Ruhmesblatt für deine Stellvertreter auf Erden.

Barkeeper: Schiess los!

Jesus: Es sind rund 500 Jahre seither. Der Papst hat den gutgläubigen Menschen gegen Geld den Loskauf von ihren Sündenstrafen und damit einen schnelleren Weg ins Paradies versprochen.

Barkeeper: Wohin floss das Geld?

Jesus: Zum einen Teil an die Baukosten der neu entstehenden Peterskirche, zum anderen in die persönliche Schatulle des Papstes, der in Saus und Braus lebte. Ein dritter Teil ging als Zinsen zurück an die Fugger in Augsburg, die ja überhaupt die Idee zur Finanzierung des Petersdoms und ihres eigenen Geldimperiums hatten.

Barkeeper: Verdammte Mafia in Gottes Namen!

Mohammed: Wolltest du ein Paradies auf Erden errichten, Jesus, so wie Karl Marx?

Barkeeper: Ihr tickt doch beide gleich.

Jesus: Das ist nicht ganz falsch. Ich wollte menschenwürdige Verhältnisse auf dieser Erde schaffen, aber ich war nicht so naiv zu glauben, ich könne ein Paradies auf Erden errichten.

Mohammed: Es gibt doch diese wunderbare Geschichte vom Paradies, von Gott, den ersten Menschen, vom Baum mit der ominösen Frucht, vom Engel mit dem flammenden Schwert.

Jesus: Wie ich gesehen habe, steht sie sogar im Koran.

Barkeeper: Oh je, Märchen! Eine typische Geschichte, die Menschen, die noch alle Tassen im Schrank haben, dazu veranlasst, Religion und Kirche nicht mehr ernst zu nehmen.

Jesus: Dass du damit nichts anzufangen weisst, ist mir klar. Ich finde es allerdings jammerschade, dass selbst viele gläubige Menschen diese Geschichte süffisant belächeln, dabei ist sie ein wahres Juwel.

Mohammed: Du nennst sie gar ein Juwel?

Jesus: Sie ist von unschätzbarem Wert.

Mohammed: Warum wird sie aber von so manchen Leuten nicht mehr ernst genommen?

Jesus: Weil sie das Verständnis für die Gestaltungskraft der Paradiesgeschichte verloren haben. In dieser Erzählung kommt eine ganze Reihe urmenschlicher Themen zur Sprache, die zu jeder Zeit und in jeder Kultur hochaktuell sind.

Mohammed: Woran denkst du?

Jesus: An das Thema Gehorsam und Ungehorsam.

Mohammed: Du hast recht! Wer kann schon behaupten, die Bibel sei mit diesem Thema hoffnungslos veraltet.

Barkeeper: Wow! Auf dieses Thema wäre ich gar nicht gekommen.

Mohammed: Zuerst denken, dann reden, Giftmischer!

Jesus: Jeder Mensch kennt so Situationen: Gehorchen oder nicht? Ein entsprechender Entscheid kann weitreichende Folgen haben.

Mohammed: Ich denke an einen Knaben, der von einem Schutzbefohlenen sexuell missbraucht wird. Ist so ein Kind in der Lage, sich zu verweigern? Es hat doch nicht die geringste Chance, nein zu sagen!

Jesus: Früher nicht. Die Autoritätsträger von Kirche, Schule und Elternhaus sassen unverrückbar im Sattel. Heute sind junge Menschen viel eher fähig, im richtigen Moment nein sagen zu können.

Mohammed: Wie weiss ein Mensch, ob er in einem bestimmten Moment ja oder nein sagen muss?

Barkeeper: Schwant mir doch noch aus meiner Jugendzeit: Adam und Eva standen vor einer solchen Frage. Als Gott ihnen verbot, Äpfel vom Baum zu pflücken ...

Jesus: Wie kommst du auf Äpfel?

Barkeeper: Steht in der Bibel. Aber, aber Sohn Gottes, wirklich schon vergessen?

Jesus: Wie hat dir Mohammed eben geraten: Zuerst denken oder in unserem Fall zuerst nachlesen, dann erst reden. In der Bibel steht nur, Adam und Eva dürfen nicht von den Früchten des Baumes essen, der in der Mitte des Gartens steht. Nichts von einem Apfel!

Barkeeper: Ich gehe mit dir jede Wette ein, dass es um einen Apfel ging.

Jesus: Wette angenommen! Mein Angebot: Wenn ich die Wette verliere, übernehme ich diesen Laden hier für einen Monat und garantiere dir, in diesem Zeitraum doppelt so viel einzunehmen wie du. Solltest du verlieren, musst du mir binnen eines Monats zwölf Leute vorführen, die sich als Atheisten entweder zum Christentum oder zum Islam bekehrt haben.

Barkeeper: Easy, ich steige ein!

Jesus: Mohammed, besorge uns eine Bibel!

Barkeeper: Übernehme ich gleich selber. Da hinten sitzt ein Gast. Ich weiss, das ist ein Frommer, der liest ständig in der Bibel.

Jesus: Und? Wie lautet unsere Textstelle?

Mohammed: Unser Barman ist schon ganz bleich.

Barkeeper: Shit! Jesus hat recht.

Jesus: Ich freue mich schon auf die zwölf neuen Christen.

Mohammed: Was steht denn nun wirklich in der Bibel? Im Koran wird nur von einem Baum erzählt.

Barkeeper: Da steht bloss etwas von einer Frucht.

Jesus: Mich beschäftigt an dieser Paradiesgeschichte viel mehr, dass Gott es nötig hat, derart auf seine Autorität zu pochen.

Mohammed: Damit stellte er doch einfach die Verhältnisse klar. Er steht ganz oben. Ihm unterliegt alles, was er geschaffen hat, auch der Mensch.

Jesus: Sähe das Gott wirklich auch so, wenn wir ihn sprechen könnten?

Mohammed: Du zweifelst?

Jesus: Ich habe den Verdacht, aus dieser Rangordnung spricht schlicht das Denken der führenden Theologen des 6. vorchristlichen Jahrhunderts. Sie wollten damit ihre eigene Autorität von Gott absegnen lassen.

Mohammed: Es steht so im Text! Allah hat den Gehorsam der ersten Menschen getestet und sie haben die Prüfung nicht bestanden.

Jesus: Ich finde, Eva hat das prima gemacht.

Mohammed: Niemals! Sie ist den Einflüsterungen Satans erlegen! Die Schlange hat es mit ihrer List fertiggebracht, Eva vom Weg mit Gott abzubringen.

Jesus: Gott sei Dank! Du musst wissen: Die Schlange verkörpert Lilith, eine Muttergottheit aus dem alten Volk der Sumerer. Als Frau wird sie dem durch und durch männlichen Gott der Hebräer äusserst gefährlich.

Barkeeper: Hatten die Verfasser dieser Geschichte Probleme mit Frauen? Diese Männer hatten ja die Hosen voll!

Mohammed: Halt dich zurück mit deinen respektlosen Bemerkungen.

Jesus: Tut mir leid, Prophet, unser Barman ist auf der richtigen Fährte. Die Muttergottheit Lilith will sehr wohl Autorität. Aber sie möchte, dass die Menschen ihr folgen, weil sie als Göttin aus innerer Kraft überzeugt, weil sie unabhängige Entscheidungen der Menschen respektiert und die Gleichberechtigung zwischen Frau und Mann begrüsst.

Mohammed: Du wirst mir unheimlich, Jesus.

Barkeeper: Im Gegenteil. Was Jesus erzählt, ist ungemein spannend.

Jesus: Ich bin sicher, ihr kennt beide nur eine einzige Schöpfungsgeschichte.

Barkeeper: Du meinst diesen Witz mit Eva aus der Rippe Adams!

Mohammed: Dir fehlt jegliches Verständnis für eine bildhafte Erzählung.

Barkeeper: Dann bring es mir bei.

Mohammed: Das Bild der Entstehung Evas aus der Rippe verpflichtet Adam, mit seiner Frau ganz besonders feinfühlig umzugehen.

Barkeeper: Wie herzig! Man siehts, wie gewisse Anhänger deiner Lehre ihre Frauen behandeln.

Jesus: Deine Deutung des Bildes mit der Rippe, verehrter Mohammed, entspricht der einen Schöpfungserzählung aus meiner jüdischen Tradition. Da steht in knappen Worten, Gott habe die Menschen als Mann und Frau erschaffen, als Partner also.

Barkeeper: Nichts von Rippe?

Jesus: Doch, leider schon. Aber davon ist in einer anderen Geschichte die Rede. Sie entstand dreihundert Jahre früher. Und diese Version hatte fatale Folgen für unzählige Frauen in all den Jahrhunderten.

Barkeeper: Bingo! Die jüdisch-christliche Unterdrückung der Frau! Die Frauen sollen für gewisse Religiöse noch heute die Zwei auf dem Rücken tragen.

Jesus: Es gibt noch eine dritte Erzählung über die Erschaffung der Frau.

Barkeeper: Fantastisch! Woher weisst du das alles?

Jesus: Die Theologen lehren, ich hätte als Sohn eines einfachen Zimmermanns nicht lesen können. Das stimmt. Zu unserer Zeit erzählte man sich aber viele Geschichten. Das war unsere Schule. Meine Grossmutter, sie hiess Anna, war eine gescheite Frau. Von ihr habe ich die dritte Schöpfungsgeschichte. Sie ist fast gänzlich unbekannt.

Barkeeper: Spann uns nicht länger auf die Folter.

Jesus: Zunächst schuf Gott Lilith. Sie war die erste Frau Adams, nicht Eva. Lilith wollte Adam ebenbürtig sein. «Wir sind schliesslich beide aus Erde geformt», argumentierte sie. Adam stieg nicht darauf ein. «Ich will auf dir liegen», forderte er, «denn du bist nach Gottes eigenem Plan die Unterlegene.» Eine solche Rede gefiel Lilith nicht. Sie verliess Adam auf der Stelle.

Barkeeper: Eine heisse Frau, diese Lilith! Hätte sie sich durchgesetzt, bräuchten wir das Gejammer der Feministinnen längst nicht mehr.

Jesus: Es kam anders. Die federführenden Theologen verteufelten Lilith nach Strich und Faden. Sie machten aus ihr eine Schlange, die versuchen sollte, in der unterwürfigen Eva das ursprüngliche weibliche Selbstbewusstsein wieder zu wecken.

Mohammed: Prompt wäre es dieser Schlange beinahe geglückt, die von Gott gesetzte, natürliche Ordnung zwischen den Menschen durcheinanderzuwirbeln. Diese Lilith hätte um ein Haar einen verheerenden Erfolg gelandet. Doch Allah sorgte sofort für klare Verhältnisse. Er gab den heiligen Autoren die richtigen Worte ein.

Barkeeper: Zum Glück haute Eva wenigstens mit dieser Frucht vom verbotenen Baum über die Stränge.

Jesus: Ohne den Ungehorsam Evas sässen die Menschen heute noch im Paradies. Es hätte keine Entwicklung gegeben. Niemandem wäre es möglich, sich frei zu entscheiden, ohne Angst vor Sanktionen.

Mohammed: Versündige dich nicht, Jesus von Nazareth! Wie kannst du dir nur anmassen, Allah die vollkommene Souveränität abzusprechen und den Frevel von Eva als menschenwürdige Tat zu feiern?

Jesus: Du vereinnahmst Gott mit deinen Vorstellungen genauso!

Mohammed: In der Apostelgeschichte, einer der Schriften deiner Anhänger, lese ich allerdings: «Man muss Gott mehr gehorchen als den Menschen.» Das tönt nicht gerade in deinem Sinn!

Jesus: Das hat dieser Lukas geschrieben. Er hat mich gar nicht persönlich gekannt. Ich jedenfalls habe so etwas nicht gesagt.

Mohammed: Sag mal, hat wenigstens einer der Verfasser der christlichen Bibel dich richtig wiedergegeben?

Jesus: Sie hatten gewiss alle die entsprechende Absicht. Vielleicht wollte Lukas betonen, es wäre besser, die Menschen würden nicht blindlings einer irdischen Autorität hinterherlaufen, sondern auf die Stimme des eigenen Gewissens hören.

Mohammed: Was hat denn Gott mit dem Gewissen des Menschen zu tun?

Jesus: In unserer jüdischen Tradition gibt es eine ganze Reihe grossartiger Geschichten von Menschen, denen Gott in Träumen die Richtung wies. Du hast ja selber in einer Art Traumzustand den ganzen Koran von Allah mitgeteilt bekommen.

Barkeeper: Vielleicht erging es auch Eva so. Dann würde die Schlange ihr Gewissen versinnbildlichen.

Mohammed: Oh, unser Drinkmischer ist plötzlich unter die Philosophen gegangen!

Jesus: Wie wahr! – Wenn ich meinem eigenen Gedankengang folge, war Eva sogar durchaus gehorsam. Die Schlange ist als göttlicher Anruf in ihr selbst zu verstehen.

Mohammed: So ist wohl auch dein Handeln einzuordnen. Du selber hast dich als Jude mit deinem freien Umgang mit dem Gesetz des Mose und der Unabhängigkeit von den römischen Autoritäten in grösste Schwierigkeiten hineinmanövriert.

Jesus: Ich hatte es selber in meinen Händen!

Mohammed: Du hast immer wieder auf die unantastbare Würde menschlicher Freiheit hingewiesen und konsequent auch danach gelebt. Das hat dir aber schon als junger Mensch den Tod gebracht. Da bist du nicht anders als Prometheus, der furchtlos den Göttern das Feuer stahl. Zur Strafe für seine Frechheit ketteten diese ihn im Kaukasus an einen Felsen.

Barkeeper: Einer opfert sich für viele. Findest du in der heutigen Zeit nicht mehr. Ich jedenfalls hätte nicht den Mut dazu.

Jesus: Die Menschen gelangten durch den Ungehorsam eines Einzelnen in den Besitz des Feuers. – Mag sein, dass gewisse Tabus für immer bestehen bleiben müssen, weil deren Verletzung die Menschheit ins Chaos stürzen würde.

Barkeeper: Zum Beispiel das Ziel gewisser Forscher, selber Leben herstellen zu können.

Jesus: Gott bewahre!

Mohammed: Ich bin beruhigt, dich so klar zu vernehmen.

Jesus: Anders verhält es sich mit Verboten. Jemand hat sie erlassen, um sich oder einem Clan Vorteile zu verschaffen. Weil dies Unterdrückung schaffen kann, braucht es heldenhafte Menschen, die von subversiver Kraft beseelt sind, das Verbot zu knacken. Das setzt einen Entwicklungsschritt in Gang – wie bei Adam und Eva.

Mohammed: Das hiesse aber auch, sich der Verantwortung zu stellen, die sich mit der Übertretung eines Gebots aufdrängt. Glaubst du wirklich, die Menschheit sei fähig, mit ihrer Freiheit umzugehen?

Jesus: Du denkst an Goethes «Zauberlehrling»?

Barkeeper: Was grinst du so vergnüglich vor dich hin, Mohammed?

Mohammed: Belustigt und besorgt zugleich. Ich fürchte, dem Zauberlehrling in einem modernen Gewand wieder zu begegnen.

Barkeeper: Wie komme ich zu dieser Ehre?

Mohammed: Du doch nicht! Und doch hat es mit dir zu tun. Du bist ein hoffnungslos verlorener Internet-Freak, sagst von dir selber, tagsüber stundenlang zu surfen. Ich meine den Zauberlehrling in der unheimlichen Magie dieses teuflischen Apparats am Werk zu sehen. Die Menschheit ist blindlings dabei, ihre Autonomie an diesen gigantischen Moloch zu verlieren.

Barkeeper: Was ist auf einmal los mit dir, Mohammed? Du schmunzelst ja schon wieder, dabei verlangt unser Thema Ernsthaftigkeit.

Jesus: Mohammed, mein guter Prophet, mir scheint, die Drinks unseres Barmans stimmen dich ganz schön locker.

Mohammed: Verzeiht mir, wir unterhielten uns doch erst noch über ein heikles Thema. Ich habe mir schon die ganze Zeit die Jungfrauen im Paradies nicht aus dem Kopf schlagen können.

Barkeeper: Schau, schau, unser Prophet hat ein Jungfrauen-Problem.

Mohammed: Nicht ich, aber Jesus!

Jesus: So wenig wie ein Gepard mit einer Schnecke zu tun hat!

Mohammed: Deine Mutter Maria soll dich nicht von deinem Vater Joseph empfangen haben!

Jesus: Wer behauptet denn so etwas?

Mohammed: Immer wieder wird gemunkelt, ein gewisser römischer Legionär namens Pantera sei dein leiblicher Vater und ...

Jesus: ... und was noch der abenteuerlichen Geschichten mehr?

Mohammed: Christen in Medina erzählten mir beschämt, dieses Gerücht sei im Umlauf. Aber 17 Jahre nach meinem Tod erhoben die katholischen Kirchenfürsten die Jungfräulichkeit deiner Mutter tatsächlich zum Dogma.

Jesus: Schreck lass nach, ich brauche Erholung! Barkeeper, jetzt darfst du feierlich «Dogma» googeln.

Barkeeper: Da steht: «Unter einem Dogma versteht man eine feststehende Definition oder eine grundlegende Lehrmeinung, deren Wahrheitsanspruch als unumstösslich gilt.»

Mohammed: Ich habe einen katholischen Theologen kontaktiert. Es gilt als unabänderliche Lehre: Deine Mutter Maria war Jungfrau vor, während und nach deiner Geburt und zwar Jungfrau ohne jegliches geschlechtliches Begehren und in absoluter körperlicher Unversehrtheit.

Jesus: Ich hätte die grösste Lust, gleich zum Papst zu gehen und diese abstruse Lehre auf der Stelle für nichtig zu erklären.

Barkeeper: Ich gehe mit!

Mohammed: Das fehlte gerade noch. Auch wenn du allein nach Rom gingst, Jesus, deine Reise würde im Fiasko enden. Du hast keine Chance. Selbst der menschenfreundliche Papst Franziskus würde wohl niemals einen einfachen jüdischen Wanderprediger empfangen, der sich auch noch anmasste, Jesus von Nazareth zu sein.

Barkeeper: Nicht so kleinmütig, edler Mekkaner! Wir schalten die Medien ein. Was glaubst du, was dann abgeht!

Mohammed: Nichts als leeres Spektakel! Jesus würde am Portone di Bronzo schon von der Schweizergarde liebevoll aber bestimmt abgewiesen. Kommt hinzu, dass der Papst aus Argentinien gar nicht die Kompetenz besässe, das Dogma der immerwährenden Jungfräulichkeit Marias aufzulösen. Dogma bleibt Dogma, für immer und ewig!

Jesus: Mohammed, mein Freund, ich bitte dich! Wir waren doch eine ganz normale Familie in Nazareth. Mein Vater Joseph hatte zwar schon etliche Jahre auf dem Buckel und brachte selber ein paar Kinder aus einer anderen Ehe in die Verbindung mit meiner Mutter. Sie selber war noch sehr jung. Ich hatte Brüder und Schwestern. Wir waren eine richtige zusammengewürfelte Familie.

Barkeeper: Du heiliger Bimbam! Eine Patchworkfamilie, schon damals!

Jesus: Nenne es, wie du willst.

Mohammed: Aber dich hat der Heilige Geist gezeugt, Jesus.

Jesus: Petrus, Judas, Maria Magdalena und die anderen, die damals mit mir in Palästina unterwegs waren, haben ganz gewiss nicht solchen Unsinn erzählt.

Mohammed: Unsinn?

Jesus: Ich kann mir schon vorstellen, warum die Theologen später diese Lehre der Jungfräulichkeit meiner Mutter erfunden haben. Sie nahmen ein literarisches Stilmittel zu Hilfe. Sie wollten zeigen: Ein Mensch, der von einer Jungfrau geboren wird, ist ausserordentlich bedeutsam.

Barkeeper: Ich bin es gewohnt, kein Blatt vor den Mund zu nehmen. Dann wussten diese Theologen also sehr wohl, dass das Jungfernhäutchen Marias bei deiner Geburt riss wie bei jeder anderen Frau auch?

Jesus: Ich bin mir da nicht so sicher, ob sie davon ausgingen.

Barkeeper: Diese verklemmten Typen haben bestimmt an die körperliche Unversehrtheit deiner Mutter geglaubt.

Jesus: Es gibt andere, ähnliche Legenden. Das Schema bleibt immer gleich: Ein Gott zeugt mit einer irdischen Frau einen Helden. Mars mit einer Priesterin die Söhne Romulus und Remus, die Gründer Roms, Zeus mit Alkmene den Herakles ...

Mohammed: ... um damit die übermenschliche Figur zu betonen, welche dieser Verbindung aus Himmel und Erde entwachsen ist?

Barkeeper: Meine Herren, ich bin beeindruckt, wie sehr die Bibel mit dem Leben zu tun hat. Ich habe sie bis anhin für ein frommes Buch für ältere Leute gehalten. Sensationell, euch beide als Gäste an meiner Bar zu haben.

4. Szene **Ärger mit den Fundamentalisten**

Barkeeper: Schau dir das an! Vollidioten! Rasen mit ihren Flugzeugen volle Pulle in diese Türme in New York.

Jesus: Mich packt jedes Mal eine unsägliche Trauer. Diese Menschen in den letzten Minuten ihres Lebens. Grausam. Und die Hinterbliebenen!

Mohammed: Schalte den Fernsehapparat aus, Barman! Das ist billige Hetze gegen den Islam. Warum nur müssen die immer wieder diese Bilder zeigen?

Jesus: Du wirst dich doch nicht hinter die Attentäter vom 11. September 2001 stellen und ihre Tat gutheissen wollen, Mohammed?

Mohammed: Zweifelst du?

Jesus: Ich möchte Klarheit.

Mohammed: Du bekommst sie auch, ohne Wenn und Aber.

Barkeeper: Klartext gegen diese Verbrecherbande, hoffe ich schwer.

Mohammed: Die Männer waren von Irrsinn getrieben. Sie dürfen sich niemals auf Allah berufen.

Jesus: Das tun sie aber.

Mohammed: Ich kann es nicht verhindern. Es ist wie in deinem Fall. Ginge ich zurück auf die Erde und stellte sie zur Rede, ich sähe mich auf der Stelle als Ungläubiger verfolgt.

Jesus: Man muss diesen verirrten, kranken Attentätern helfen, ihnen bewusst machen, was sie da eigentlich tun.

Barkeeper: Mensch, bist du naiv, Jesus! Al-Qaida, Taliban, Islamisten, alle dasselbe Pack! Die sind nicht heilbar. Die friedliebenden Moslems auf der ganzen Welt stünden längst in der Pflicht.

Jesus: Sie stellen weit über neunzig Prozent deiner Anhänger, Mohammed.

Mohammed: Was sollten sie tun?

Jesus: Überall auf der Welt aufstehen und sich zu einem offenen, menschlichen Islam bekennen. Die Scharfmacher würden dadurch an den Rand gedrängt.

Barkeeper: Und die Medien sollen ihnen keine Plattform mehr geben.

Jesus: Jetzt bist du naiv. Die Medien leben von süffigen Ereignissen. Journalisten berufen sich dann stets auf ihre Informationspflicht.

Barkeeper: Sie gehen mir grausam auf die Nerven, diese religiösen Fundis.

Jesus: Fundamentalisten, meinst du. Diese Leute, die fix davon überzeugt sind zu wissen, was richtig und falsch ist.

Mohammed: Glaub nur nicht, du seiest bei diesem Thema aus dem Schneider, Jesus. Nach dem Muster der Fundamentalisten ticken auch die christlichen Freikirchen.

Jesus: Allerdings mit einem erheblichen Unterschied.

Barkeeper: Es gibt bei ihnen keine Himmelfahrtskommandos.

Jesus: Freikirchliche Gläubige töten niemanden.

Mohammed: Ach ja? Physisch nicht, sozial aber schon. Wer nicht spurt und ihre Grundsätze nicht teilt, wird geschnitten und fliegt raus.

Jesus: Kann es sein, dass es den religiösen Fundamentalisten gar nicht um die Religion geht?

Mohammed: Tönt paradox.

Jesus: Ist es aber nicht. Ich vermute, es ist letztlich und vor allem völlig unbewusst eine abgrundtiefe Existenzangst, welche die Fanatiker antreibt. Die Religion ist nur ihr vordergründiger Aufhänger.

Barkeeper: Klasse, Meister aus Nazareth! An dir ist ein hervorragender Psychoanalytiker verlorengegangen.

Jesus: Wieso verlorengegangen? Ich habe noch und noch Menschen wieder auf den Weg gebracht, die seelisch verkümmert waren.

Mohammed: Auch Fundamentalisten? Etwa diese Pharisäer mit ihrer Gesetzesneurose?

Jesus: Nein, ich hatte nicht immer Erfolg.

Barkeeper: Du warst eben kein Zauberer. Du warst ein ehrlicher Handwerker, auf deinem Gebiet natürlich. Kein Hokuspokus. Das macht dich bei mir sympathisch.

Jesus: Es ist stets derselbe Ablauf, an dessen Ende ein Mensch als christlicher Fundamentalist dasteht. Ein durchschnittlich gläubiger Mensch ...

Mohammed: ... du meinst ein lauer Christ ...

Jesus: ... fällt seelisch in ein Loch, vielleicht hat er eine Scheidung hinter sich, hat seinen Arbeitsplatz verloren oder sieht sich vor unlösbare finanzielle Probleme gestellt. Er steckt jedenfalls in der Sackgasse.

Barkeeper: Wie werde ich Fundamentalist – erste Station.

Jesus: Ein solcher Mensch mit schweren Problemen ist für freikirchliche Leute eine willkommene Beute. Sie umgarnen den Leidgeprüften und überhäufen ihn mit einem gerüttelten Mass an Liebe und Erbarmen. Der so Umschwärmte fühlt sich angenommen.

Barkeeper: Station zwei.

Jesus: Eines Tages widerfährt ihm ein Bekehrungserlebnis. Er behauptet, er wäre mir begegnet. Dann schwört er dem alten Glauben ab.

Mohammed: Dem alten Glauben?

Barkeeper: Er war doch Christ!

Jesus: Das zählt nicht mehr

Barkeeper: Dritte Station. Er bekehrt sich von dir zu dir. Kurios! Was geht da ab?

Jesus: Er sieht mich komplett anders, hat fixe Überzeugungen von mir.

Barkeeper: Zum Beispiel?

Jesus: Ich sei für die Sünden der Menschheit gestorben.

Barkeeper: Sehr witzig. Auch für meinen Quatsch, den ich schon angestellt habe? Den muss ich doch selber ausfressen.

Jesus: Es folgt noch eine vierte Station. Dieser neugeborene Christ lässt sich noch einmal taufen und pflegt nun eine innige Beziehung zu Gott, zu mir und zu den eigenen Glaubensgeschwistern. Ausserhalb der Gruppe aber wittert er nur Dunkelheit, das Böse und Satan.

Mohammed: Statt sich ihrer Existenzangst zu stellen ...

Jesus: ... übermalen diese Leute ihre Ängste vor der bösen, gottlosen, modernen Welt ...

Mohammed: Und du meinst tatsächlich, sie benützen dazu die Religion?

Barkeeper: Die checken doch das gar nicht.

Mohammed: Du glaubst, dieser Zusammenhang sei den Fundamentalisten gar nicht bewusst?

Jesus: Wie auch immer. Sie missbrauchen die Religion!

Mohammed: Ein hartes Urteil.

Barkeeper: Ist es denn schlecht, als Mensch ein Fundament zu haben? Klare Werte zu vertreten? Ich wäre froh, ich könnte das. An meiner Bar sehe ich zur Genüge, wie Menschen auf ihre Lebensprobleme reagieren. Die einen werden aggressiv oder depressiv, andere greifen zu Drogen, nur um ihre Sorgen und ihren Lebensfrust zu vergessen.

Jesus: Diese christlichen Fundamentalisten dürfen sich nicht auf mich berufen. Ich habe mit ihren Glaubensüberzeugungen nichts zu tun. Sollen sie an diesen Christus glauben, diese theologische Konstruktion, welche die Kirchenoberen aus mir, dem geschichtlichen Jesus aus Nazareth, hergestellt haben.

Mohammed: Dürfen sich christliche Fundamentalisten nicht auf dich berufen?

Jesus: Nicht, wenn sie meinen, sie allein würden mich richtig verstehen, während sie alle abqualifizieren, die ein anderes Bild von mir haben.

Barkeeper: Du nervst dich sichtlich, Jesus.

Jesus: Ich habe sie doch erfahren, diese alleinigen Besitzer der Wahrheit. Pontius Pilatus etwa, den römischen Statthalter in Palästina.

Mohammed: Moment, das war ein Politiker.

Jesus: Glaub nur ja nicht, Fundamentalismus sei bloss den Religionen reserviert. Kurz vor meiner Kreuzigung stand ich vor diesem Vertreter des römischen Kaisers Tiberius. Bis in die letzte Faser meines Körpers habe ich die einzig geltende Wahrheit der Welt gespürt.

Mohammed: Die Wahrheit des römischen Imperiums.

Jesus: Wenn sie nur eine philosophische Idee gewesen wäre ...

Mohammed: ... aber sie zeigte Wirkung ...

Jesus: ... sie brachte mich ans Kreuz.

Barkeeper: Du warst doch für diesen Haudegen Pilatus nur ein kleiner Fisch.

Mohammed: Aber gefährlich genug, ein Exempel zu statuieren.

Jesus: Ich wollte ihm meine Wahrheit erklären, versuchte ihm klarzumachen, dass ich mit Menschen ganz anders umgehen möchte – nicht so wie er und die übrigen Machthaber des römischen Weltreiches, wollte ihm begreiflich machen, die Welt anders wahrzunehmen.

Barkeeper: Raffiniert, wie du Wahrheit und wahrnehmen zusammenbringst.

Mohammed: Ich verstehe jetzt auch dein Wort: «Mein Reich ist nicht von dieser Welt»?

Jesus: Ja, nicht von der Welt der Römer.

Barkeeper: Und auch nicht ein Reich in einer jenseitigen Welt.

Jesus: Auch nicht.

Barkeeper: Ich garantiere dir, so verstehen es aber die meisten Christen.

Jesus: Ich meinte ein Reich des Friedens und der Gerechtigkeit mitten in dieser Welt, nicht erst im Jenseits. Und dann wollte der Machtmensch Pilatus auf dem Richterstuhl einen philosophischen Disput mit mir führen. Süffisant fragte er mich: Was ist Wahrheit?

Mohammed: Der Römer spielte doch nur mit dir.

Barkeeper: Denk logisch, Jesus. Dieser Römer wollte sich gar nicht auf ein echtes Gespräch mit dir einlassen. Du warst für ihn ein kleiner jüdischer Verbrecher. Er wusste, die einzig zählende Wahrheit liegt in Rom.

Mohammed: Ein politischer Fundamentalist?

Jesus: Wie er im Buch steht! – Ich wurde bekanntlich unter dem legendären Kaiser Augustus geboren. Immer wieder hörte ich Menschen vollen Lobes von der so genannten «Pax Romana» schwärmen, einem Zustand des Friedens in der gesamten damals von den Römern kontrollierten Welt.

Mohammed: Ein waffenstarrendes Imperium und echter Friede? Das geht nicht zusammen.

Jesus: Das war nichts anderes als eine bleierne Friedhofsruhe, organisiert von den politischen Fundis in Rom. Wer anderer Meinung war, eine alternative Wahrheit leben wollte, wurde liquidiert!

Mohammed: Die Exponenten des römischen Reiches glichen dem, was wir eben über die Beweggründe fundamentalistischen Gebarens feststellten: Auch diese scheinbar so souveränen Römer zitterten Tag für Tag um ihre Macht und konnten sich nur mit Terror über Wasser halten.

Jesus: Schau sie dir alle an, diese modernen politischen Fundamentalisten! Osama Bin Laden und Gaddafi! Beide sind tot. Ben Ali von Tunesien ist entmachtet, ebenso Mubarak. Der Syrer Assad kämpft verzweifelt um die Macht.

Mohammed: Nicht zu reden von Lukaschenko, der Weissrussland in seiner frostigen Hand gefangen hält.

Jesus: Auch Nordkoreas Diktator Kim Jong-un und selbst Wladimir Putin.

Mohammed: Einen Punkt können aber vor allen Dingen die religiösen Fundamentalisten dennoch für sich buchen. Sie vermögen den Menschen in ihren Reihen Heimat und Geborgenheit zu vermitteln.

Barkeeper: Diese Menschen zahlen einen hohen Preis.

Mohammed: Unser Barman! Rechnet knallhart Kosten gegen Nutzen auf.

Jesus: Ich gebe ihm völlig recht. Die Menschen in den Klauen religiöser Fundamentalisten verlieren jegliche persönliche Freiheit.

Barkeeper: Tragisch.

Jesus: Mit der Zeit wollen sie gar nicht mehr selber denken. Sie übernehmen alles kritiklos von ihren Gurus.

Mohammed: Erhob aber gerade zum Thema Freiheit der emeritierte Papst Benedikt XVI. nicht zu Recht seinen Warnfinger? Er prangert die Beliebigkeit der westlichen Welt an.

Barkeeper: Pass auf, Jesus, am Ende wird aus deinem Propheten-Kollegen noch ein passabler Katholik.

Mohammed: Schaut euch die westliche Gesellschaft an. Es ist bald alles erlaubt, was gefällt. Du kannst splitternackt in den Bergen herumkraxeln, zwei schwule Männer dürfen problemlos mit einem Mädchen zusammen Familie spielen ...

Barkeeper: Cool! Es wird nicht mehr lange dauern, will sich jemand mit einem Pferd trauen lassen!

Mohammed: Du bist pervers.

Barkeeper: Ich doch nicht!

Jesus: Papst Benedikt XVI. warf in der Tat ein zentrales Thema auf. Er sprach von der Gefahr des Relativismus.

Barkeeper: Oh ja, Einsteins Relativitätstheorie. Ganz einfach: Es ist schmerzhaft, fünf Minuten auf einer heissen Herdplatte zu sitzen, süss aber, dieselbe Zeit auf dem Schoss einer attraktiven Frau zu verbringen.

Jesus: Halte du dich da etwas zurück, wenn es um differenziertere philosophische Themen geht, lieber Barman.

Barkeeper: Snob!

Jesus: Die philosophische Lehre des Relativismus geht davon aus, dass es keine allgemeingültige Wahrheit gibt.

Barkeeper: So viel ich von dir verstanden habe, kommt das dir entgegen, nicht aber dem Papst, denn dieser pocht auf ewig gültigen, objektiven Wahrheiten.

Mohammed: Da schau einer unseren Mann hinter der Theke an, ganz schön gescheit!

Barkeeper: Und ich gebe noch einen drauf. Das Gegenteil von relativ ist absolut. Die genaue Übersetzung lautet «losgelöst, unabhängig».

Jesus: Respekt, Respekt!

Barkeeper: Ich stehe klar auf der Seite des Relativismus und gegen den Papst. Relativ heisst, dass man auch die Gedankengänge anderer Menschen würdigt. Bist du absolut, scherst du dich einen Deut um die Überlegungen anderer.

Jesus: So einfach ist es nicht. Der Westen brüstet sich sehr damit, die Fahne der Toleranz hochzuhalten. Darf sie Zwangsehen oder die Geltung der Scharia als Parallelgesetzgebung im Staat dulden? Darf sie den Pflichtzölibat oder das Verbot, katholische Frauen zu Priesterinnen zu weihen, akzeptieren?

Mohammed: Du solltest sauber unterscheiden zwischen akzeptieren und tolerieren.

Jesus: Erkläre es mir.

Mohammed: Ich akzeptiere, dass du Jude bist. Ich akzeptiere auch einen Schwarzafrikaner, irgendeine Frau aus Indien oder einen Angestellten der städtischen Müllabfuhr. Sie alle sind Menschen mit derselben Würde wie du und ich. Aber dass ein einzelner Mensch oder eine Gruppe im Namen irgendeiner Religion Druck, Macht oder gar Terror ausübt, kann ich niemals tolerieren.

Jesus: Also würdest du ein Todesurteil über einen Menschen, der eine Karikatur über dich zeichnet und veröffentlicht, nicht tolerieren!

Mohammed: In keinem Fall! Ich kann akzeptieren, dass muslimische Autoritäten eine solche Karikatur als ungeheuerliche Verunglimpfung werten. Eine daraus abgeleitete Misshandlung toleriere ich nicht.

Jesus: Keine Denkverbote also. Dem Handeln aber setzest du Grenzen.

Barkeeper: Beispiel: Totalverschleierung. Der Staat kann religiöse Vorschriften zur Kenntnis nehmen, er kann sie akzeptieren, um deinen Sprachgebrauch aufzunehmen, Mohammed. Irgendwann aber hört die Toleranz auf.

Jesus: Die zivilen Gesetze sollen im Konfliktfall über den religiösen Vorschriften stehen. Der Staat begründet seine Gesetzgebung mit den Argumenten der Vernunft, nicht mit jenen der Religion.

Mohammed: Das hört sich an, als ob jede Religion unvernünftig wäre.

Jesus: Steht sie auf humanistischem Boden, wird sie in ihren Verordnungen Hand in Hand mit dem Staat gehen und damit vernünftig sein.

Mohammed: Es gibt auch für einen Moslem Grenzen. Nie und nimmer darf er Allah für irgendeinen Zweck oder eine Ideologie vereinnahmen.

Jesus: Aber genau das tun die Islamisten, und sie merken dabei nicht einmal, wie gotteslästerlich sie mit ihrem Tun auftreten.

Mohammed: Diese Fanatiker begreifen nicht, wie klein sie Allah machen. Protzig und arrogant schwingen sie sich gar über den Allerhöchsten hinaus.

Barkeeper: Wow! Jetzt trägst du aber dick auf, Prophet.

Mohammed: Ja, ich bin erbost, denn den Islamisten fehlt die Demut, Suchende zu sein. Es käme keinem von ihnen in den Sinn, eine wirklich echte, offene Frage zu stellen ...

Jesus: ..., die einen Wahrheitsfindungsprozess einleiten könnte, ganz im Sinne von Heraklits berühmtem «panta rei», alles Leben fliesst. – Evangelikale Christen gehen übrigens den umgekehrten Weg. Sie legen ihr gesamtes Leben in die Hand Gottes und machen ihn auf diese Weise unendlich gross und unergründlich.

Mohammed: Das ist Kismet, die geheimnisvolle Vorsehung Allahs!

Jesus: Inschallah? So Allah es will. Ist das damit gemeint?

Mohammed: So ist es, Jesus. Moslems glauben in diesem Punkt genau gleich wie freikirchliche Christen. Sie wissen, ihr Schicksal liegt im Ermessen Allahs. Daher ja auch der Inhalt des Wortes «Islam»: Unterwerfung unter Allah.

Barkeeper: Ein Gott, der von den Menschen Unterwerfung verlangt. Das finde ich daneben.

Jesus: Mich reizt das Thema Vorsehung. Ich habe den leisen Verdacht, die Fanatiker beider Weltreligionen glauben selbst nicht so sehr daran, dass Gott es schon gut richte. Ich vermag gar wenig Gelassenheit bei ihnen auszumachen. Statt auf einen gnädigen

Gott zu vertrauen, grenzen sie sich ängstlich von Andersdenkenden ab oder verteufeln sie als Ungläubige und kontrollieren sich gegenseitig mit rigorosen Verhaltensregeln.

Mohammed: Ist doch sonnenklar, warum. Im tiefsten Grund ihrer Seele sind sie völlig verunsichert, ob sie gerettet werden oder nicht.

Jesus: Was für ein grausames Gottesbild, Mohammed! Wo haben hier Freiheit und Verantwortung eines gläubigen Menschen noch ihren Platz?

Mohammed: Versündige dich nicht, Jesus!

Jesus: Ich sage nicht, Gott sei grausam, das Bild von Menschen über ihn aber ist es schon.

Mohammed: Allah sprach einst zu mir, am Ende der Zeiten müssten alle Menschen vor sein Gericht treten. In einem Buch seien ihre sämtlichen Taten lückenlos aufgeführt und die Waage werde sich entsprechend senken, auf die eine oder andere Seite, in die Hölle oder ins Paradies.

Jesus: Spricht in diesem schrecklichen Bild von der Waage wirklich Allah oder nicht vielmehr der clevere Kaufmann Mohammed? Was gilt denn jetzt? Urteilt Allah unabhängig von den Taten eines Menschen oder wirkt er beim Gericht bloss als Vollstrecker der im Buch aufgeführten Bilanz der einzelnen Gläubigen?

Mohammed: Wo hast du den Koran hingestellt, den ich dir gegeben habe?

Jesus: Dort steht er, zwischen der Flasche Calvados und dem Ramazzotti.

Barkeeper: Du bist von Sinnen, Jesus! Was glaubst du, was da los ist, wenn meine Gäste zwischen zwei Flaschen Alkohol den Koran entdecken.

Mohammed: Sei dir nur nicht zu schade, darin zu lesen, Barman. Lies bei der Sure 6, Vers 39.

Barkeeper: Hilfe, ich kann die Börsenkurse lesen, komme aber nicht mit der Angabe 6,39 zu Rande.

Mohammed: Gib her. Da steht: «Allah führt, wen er will, in die Irre. Und wen er will, den bringt er auf den geraden Weg.»

Jesus: In Sure 41,46 habe ich aber anderes gelesen: «Wenn einer rechtschaffen handelt, ist es sein eigener Vorteil, wenn einer Böses tut, sein eigener Nachteil.» Kann der Mensch sein Schicksal also doch selber beeinflussen?

Mohammed: Allah ist und bleibt souverän und unabhängig.

Jesus: Ich stufe die freie Entscheidung des Menschen sehr hoch ein. Der schwarze Freiheitskämpfer Nelson Mandela sagte zu Recht: «Freiheit heisst Verantwortung.» Für mich begann die Stunde der Verantwortung des Menschen für seine Taten, als Eva sich entschied, von der Frucht des verbotenen Baumes zu nehmen. Das hatte Folgen. Seither muss der Mensch für das, was er tut, geradestehen. Es geht nicht an, die Verantwortung für die eigenen Taten auf andere abzuschieben.

Barkeeper: Schön wärs, wenn es so liefe. Verantwortung ist aber heute ein Fremdwort. Ein Beispiel? Jeder weiss längst: Rauchen schadet der Gesundheit. Kein Problem. Du nimmst dir einen cleveren Juristen und klagst gegen den entsprechenden Tabakkonzern wegen mangelnder Verantwortung gegenüber den Benützern seines Produkts. Im Nu verdienst du gutes Geld.

Jesus: Kann ich Gott für meine Entscheide verantwortlich machen, Mohammed?

Mohammed: Hm!

Barkeeper: Was zögerst du, Prophet?

Jesus: Ich habe den Leuten von einem Senfkorn erzählt. Dieser winzig kleine Samen entwickelt sich im Verlaufe der Zeit zu einem stattlichen Baum.

Mohammed: Ein wunderbares Bild für die Entwicklung eines Menschen!

Jesus: Du musst es aber konsequent zu Ende denken und dann löst sich dein «Hm» von eben auf. Nimmt ein Mensch die Chance wahr, sich zu entwickeln, lässt er sich nicht von aussen diktieren, auch nicht von Gott.

Barkeeper: Ich lasse mir von niemandem etwas sagen.

Mohammed: Warum sprichst du dann überhaupt mit uns?

Barkeeper: Ich höre euch sehr wohl zu. Was mir an euren Gedanken gefällt, übernehme ich. Dabei bleibe ich frei.

Jesus: Stell dir vor, Mohammed, du pflanzt einen Kirschbaum. Er entfaltet sich prächtig. Nach drei Jahren gehst du hin und schneidest seine kräftig gewachsenen Äste fast bis auf den Stamm zurück.

Mohammed: Ein Verbrechen an der Natur...

Jesus: ... im übertragenen Sinn vor allem an der Würde und Selbstbestimmung eines Menschen.

Barkeeper: Dein Bild vom Senfkorn ist sensationell.

Mohammed: Fundamentalisten dürften allerdings keine Freude haben daran.

Barkeeper: Diese schrägen Typen ticken nach fixen Vorstellungen. Nichts von selber bestimmen. Wie nur lesen sie dieses lässige Bild vom Senfkorn?

Jesus: Lass sie es anders deuten. Sie sind frei.

Mohammed: Mich beeindruckt der Schluss der kleinen Erzählung. Im riesigen Baum, der aus dem winzigen Samen entsteht, können Vögel ihre Nester bauen.

Barkeeper: Bingo! Mohammed, der Sozialfreak!

Mohammed: Das ist ja eines meiner grossen Anliegen. Zum Menschsein gehört auch die soziale Seite, glänzend dargestellt im Baum, der allerlei Vögeln, fremdem Leben also, Platz bietet.

Jesus: Wie würden deine Anhänger mein Bild vom Senfkorn umsetzen?

Barkeeper: Keine Chance! Unterwerfung unter Allah und eigenwillige Lebensgestaltung schliessen einander aus.

Mohammed: Es gibt eine ganze Reihe von Verhaltensweisen, über die kritisch nachzudenken strenggläubige Moslems zu keiner Zeit bereit sind ...

Jesus: ... Denkverbote, Mohammed ...

Mohammed: ... die aufgebrochen und wie eine Eiterbeule aufgestochen gehören!

Barkeeper: Plötzlich derart subversiv, Prophet!

Mohammed: Wo es mir nötig scheint, sehr wohl. Wer kann denn heute dem Verbot des Genusses von Schweinefleisch einen Sinn abgewinnen?

Jesus: Schweinefleisch! Auch unter Gesetzestreuen in meiner Religion ein Tabu. Dabei hatte dieses Verbot einst einen Sinn. Meine Vorfahren, die Israeliten, lebten immer wieder in grosser Sorge, von fremden Mächten überrannt und schliesslich ausgelöscht zu werden. Die benachbarten Kulturen verehrten meist Naturgottheiten, darunter auch die Schweinegöttin mit ihren Fruchtbarkeitsritualen.

Barkeeper: Ich lach mich kaputt! Eine Schweinegöttin? Muss ich gleich googeln gehen.

Jesus: Wir sind gespannt auf dein Referat.

Mohammed: Noch ein anderes Denkverbot. Die ganze Welt weiss, Moslems trinken keinen Wein ...

Jesus: ... so ganz anders in unserer religiösen Tradition. Zu Beginn von Pessach, dem Fest zur Erinnerung an die Befreiung der Israeliten aus der ägyptischen Knechtschaft, trinken alle einen Schluck Wein. Er versinnbildlicht den ersten Schritt in die Freiheit.

Mohammed: Du glaubst es nicht, Jesus, ich habe selber auch Wein getrunken. Auf mich können sich jene nicht berufen, die dieses strikte Verbot noch heute für absolut verbindlich erklären.

Jesus: Erkläre mir diesen Widerspruch.

Mohammed: Als zu meiner Zeit in Medina das Freitagsgebet zum allwöchentlichen Ritual aufstieg, kamen leider auch Betrunkene zur Moschee und störten Gebete und Predigt massiv. So sah ich mich unter diesen Umständen gezwungen, den Genuss von Alkohol zu verbieten. – Siehst du den Entstehungszusammenhang für das Alkoholverbot, Jesus?

Jesus: ... Das heute keine vernünftige Begründung mehr hat ...

Mohammed: ... und deswegen nicht mehr als Gebot gelten soll ...

Jesus: ... genauso wie heute jeder Moslem und jeder Jude getrost Schweinefleisch essen soll, wenn ihm danach gelüstet ...

Mohammed: ... und zeitlich passender könnte unser Barman nicht von seinem Ausflug ins Internet an die Theke zurückkommen.

Barkeeper: Unglaublich, eine halbe Bibliothek zum Stichwort «Schweinegöttin». Wie lange gebt ihr mir für meinen Vortrag?

Jesus: Apropos «geben» – wäre wieder mal Zeit für einen Drink.

Mohammed: Doch nicht jetzt, Jesus. Lassen wir unseren Barman erst referieren.

Barkeeper: Sehr verehrte Damen und Herren ...

Jesus: Ups! Damen? Wo denn?

Mohammed: Eine bekannte Floskel. Er ist völlig vom Weiblichen trunken.

Barkeeper: Hab ich was falsch gemacht?

Jesus: Nun schiess endlich los!

Barkeeper: Ich kann es kaum fassen, aber die Schweinegöttin gab es tatsächlich. Vor rund 7000 Jahren tauchten die ersten kultischen Figuren von ihr auf. Sie galt als Sinnbild weiblicher Macht ...

Jesus: ... da siehst du, in unseren beiden männerdominierten Religionen eine grosse Gefahr ...

Barkeeper: Es kommt für die Männer noch happiger. Das heilige Schwein verkörperte die Ur-Energie des gesamten Kosmos. Sie allein war zuständig für die Fruchtbarkeit in allen Lebensbereichen, auf den Äckern, bei den Tieren und auch beim Menschen.

Mohammed: Für Israel muss diese Schweinegöttin eine ständige Bedrohung gewesen sein.

Jesus: Mehr noch. Sie wirkte wie eine stete Versuchung. Immer wieder mussten wortgewaltige Propheten dem Volk die Leviten verlesen, dem Gott ihrer Väter die Treue zu halten.

Barkeeper: Mir geht ein Licht auf. Wir sagen spontan: «Du hast Schwein gehabt!» Das ist positiv gemeint. Vielleicht reicht diese Bemerkung ja bis in die frühe Tradition dieser Schweinegöttin zurück?

Jesus: Wollen wir allerdings die Gedanken oder Taten eines Menschen schlechtmachen, werfen wir ihm «Du Schwein!» an den Kopf ...

Barkeeper: ... und stehen prompt auf der Linie der Gegner der Schweinegöttin.

Jesus: Präzis auf diesem Hintergrund ist das Verbot von Schweinefleisch zu verstehen. Man wollte sich auf diese Weise von fremden Einflüssen reinhalten.

Barkeeper: Dieser frappierende Zusammenhang! Ich kann mich kaum erholen. Vor Jahren ging ich doch in den Religionsunterricht. Warum hat man uns damals bloss immer dieselben langweiligen Themen vorgesetzt? Ständig dieses Moralin.

Jesus: Jetzt aber schnell einen Drink, Barman.

Barkeeper: Kommt sofort.

Jesus: Übrigens, nur so nebenbei gefragt: Wie kommst du voran mit der Einlösung deiner verlorenen Wette?

Barkeeper: Atheisten zu finden! Kein Problem …

Jesus: … Weibliche Atheistinnen wohl noch weniger! …

Barkeeper: … Aus ihnen aber Christen oder Moslems zu machen …

5. Szene «Du bist nicht am Kreuz gestorben!»

Mohammed: Mir geht dein angeblicher Tod am Kreuz nicht aus dem Sinn.

Jesus: Tu ich dir leid?

Mohammed: Nein, das ist es nicht. Ich glaube einfach nicht, dass du ans Kreuz geschlagen wurdest. Viel mehr noch: Ich hoffe geradezu, es handle sich da um eine Verwechslung.

Jesus: Wie kannst du eine historische Tatsache in Zweifel ziehen, Prophet Allahs? Wer soll was verwechselt haben?

Mohammed: An deiner Stelle ist ein anderer gekreuzigt worden.

Barkeeper: Oh, der Fall ist schnell gelöst. Zeig uns deine Hände, Jesus. Die Nägel müssen Spuren hinterlassen haben.

Jesus: Sie haben mich mit Stricken festgebunden, nicht genagelt. Ich bin an Erschöpfung gestorben.

Mohammed: Wie soll ich glauben, dass du es warst?

Jesus: Du kennst Tacitus?

Mohammed: Den römischen Schriftsteller?

Jesus: Er ging mit den Christen hart ins Gericht, mochte sie nicht, nannte ihr Tun Aberglauben. In seinem grossen Geschichtswerk «Die Annalen» schrieb er aber, der Name Christen stamme von Christus, «der unter Tiberius vom Prokurator Pontius Pilatus hingerichtet worden war».

Barkeeper: Was soll dieser römische Schreiberling beweisen?

Mohammed: Halte dich da etwas zurück, Barman. Das ist nicht dein Ding. Bei Tacitus handelt es sich immerhin um einen Schriftsteller von hohem Ansehen. Und wenn er über die Christen schreibt, denen er nicht gut gesinnt ist, erhöht dies seine Glaubwürdigkeit.

Barkeeper: Schon gut, schon gut, ich bin zwar höchst interessiert an deiner Kriminalgeschichte, Jesus, aber solch verstaubte Typen wie dieser Tacitus sind eh nicht mein Ding. Ich lese lieber Henning Mankell.

Mohammed: Hast du genau nachgelesen, Jesus? Bei Tacitus steht nichts von einem Kreuz.

Jesus: Ich bitte dich, Mohammed! Wie sollte mich der Römer Pilatus anders hingerichtet haben als nach der üblichen Art der damaligen Weltmacht? Die Römer betrachteten mich als Aufrührer. Mit solchen machten sie kurzen Prozess.

Barkeeper: Das weiss jedes Kind. Sie setzten ihr bewährtes Folterinstrument ein, die Kreuzigung.

Jesus: Der Anblick der Aufgehängten sollte potenzielle Aufwiegler verhindern. Was glaubst du, wie ich noch heute erschrecke, wenn ich irgendwo einem Kreuz begegne? Die ganzen Schmerzen von damals kehren zurück. Irritierend ist der Anblick von Frauen, die ein Kreuz als Schmuck tragen.

Mohammed: Du bist unerbittlich.

Jesus: Vollends fertig machen mich aber jene katholischen Priester, die am Kragen ihres schwarzen Rocks ein Kreuz zur Schau stellen. Mein lieber Freund Mohammed, sie führen ein Folterinstrument spazieren!

Mohammed: Du bist ungerecht, Jesus! Diese Gottesmänner schmücken sich mit einem Kreuz, weil sie damit zeigen wollen, dass du die Menschheit mit deinem Kreuzestod erlöst hast.

Jesus: Oh nein, da schiebst du mir etwas unter. Ich wäre ja sträflich arrogant, alle Menschen erlöst haben zu wollen.

Mohammed: Verzeih, Jesus, genau dies glaubt ein Grossteil der Christen. Weisst du das denn nicht?

Jesus: Ich kann dir nur die Gedanken schildern, die mich damals bewegten. Meine Eltern erzählten mir furchtbare Geschichten von Männern, die von römischen Legionären an Kreuzen aufgehängt wurden und daran einen elendiglichen Tod erleiden mussten.

Mohammed: Wie hast du auf diese Erzählungen reagiert?

Jesus: Sie wühlten mich auf. Abends konnte ich oft lange nicht einschlafen. Ich begann, die römischen Soldaten zu hassen, erfand flammende Verteidigungsreden für die Todgeweihten. Mein ganzes Herz gehörte ihnen. Ich war mächtig stolz auf sie.

Mohammed: Hast du als Kind das ganze Ausmass des Konflikts zwischen der römischen Besatzungsmacht und den jüdischen Rebellen unter deinen Glaubensgenossen begreifen können?

Jesus: Erst später, als ich die ersten Gehängten mit eigenen Augen sah. Da wurde mir klar: Die Römer dürfen so was nicht tun. Zudem hatten sie in Palästina nichts zu suchen.

Mohammed: Das passt doch. Du, mit deinem Feuereifer, wolltest hingehen und die Menschen erlösen?

Jesus: Vom Joch der Römer? Gott bewahre. Wie denn? Ich wäre grandios gescheitert.

Mohammed: Also haben die Christen doch recht. Du wolltest die Menschen von ihren Sünden erlösen.

Jesus: Alles, was ich wollte, war die Schaffung würdiger Lebensumstände. Davon war ich beseelt und von einer unbändigen Kraft getragen.

Mohammed: Von Gott!

Jesus: Wahrscheinlich habe ich dadurch gewisse Menschen ermutigt, auf das eigene Urteil zu vertrauen und nicht auf die Weisungen anderer Menschen.

Mohammed: Du warst diesen Menschen ein Hoffnungsträger, das Idealbild eines unabhängigen Menschen.

Jesus: In diesem Sinne kann ich verstehen, wenn man mich einen Erlöser nennt. Aber ich mag dieses Wort nicht und sage lieber: Mit meiner Lebensführung gelang es mir, Menschen aus allerlei Abhängigkeiten in ein selbst gestaltetes Leben zu befreien.

Barkeeper: Du warst einer wie Che Guevara!

Jesus: Dieser südamerikanische Freiheitskämpfer?

Barkeeper: Ein irrer Typ! Wurde auch in jungen Jahren ermordet wie du.

Jesus: Er war gefangen von fixen Ideen, und für diese griff er zur Waffe.

Barkeeper: Aber die Idee von einer gerechten Welt!

Jesus: Mein Weg war ein anderer.

Mohammed: Du hast die Menschen auch frei gemacht, auf deine Weise.

Jesus: Ich versuchte sie so weit zu bringen, auf ihre eigenen Kräfte zu vertrauen und sich so selber zu befreien. Offenbar haben führende Christen später eine andere Erlösungstheorie erfunden.

Mohammed: Hoch im Kurs bei gewissen christlichen Denkern ist die Lehre, Gott habe dich, seinen Sohn, zur Wiedergutmachung für die Sünden der Menschen am Kreuz geopfert.

Jesus: Eine geradezu sadistische Vorstellung!

Mohammed: Das darf ich nicht beurteilen.

Barkeeper: Warum? Liegt doch auf der Hand!

Mohammed: Ich bin Moslem, nicht Jude und nicht Christ.

Barkeeper: Richtig. Du bist was ganz anderes, du bist ein Feigling! Versteckst dich, getraust dich nicht, einen derartigen Gott Sadist zu nennen.

Mohammed: Für mich gilt: Allah ist unendlich gross! Allahu akbar! Aber dieses Eine ist auch gewiss: Ein Prophet darf niemals scheitern. Du aber bist elend am Kreuz gescheitert, Jesus von Nazareth. Oder es verhält sich so wie viele Moslems annehmen, dass ein anderer an deiner Stelle gekreuzigt worden ist.

Jesus: Nein, Prophet. Ich bin nicht gescheitert. Bei meiner Kritik am römischen Staat habe ich stets damit rechnen müssen, am Kreuz zu enden.

Barkeeper: Hast du den Kreuzestod gesucht? Oder warst du gar masochistisch veranlagt?

Jesus: Weit davon entfernt. Ich war nicht blind. Immer wieder war ich zwar versucht, meine Worte und Taten so zu wählen, dass ich bei den römischen Instanzen nicht aneckte.

Barkeeper: Passt gar nicht zu dir.

Jesus: Das wäre erbärmlich gewesen. Nein, ich wollte unabhängig, konsequent und frei sein.

Barkeeper: Du hast den Kreuzestod sehenden Auges provoziert.

Jesus: Ich hätte ihn glatt verhindern können.

Barkeeper: Der helle Wahnsinn! Das nenne ich freie Entscheidung pur.

Mohammed: Es heisst, die Juden seien schuld gewesen an deinem Tod.

Jesus: Meine eigenen Glaubensbrüder und Glaubensschwestern? Glaubst du allen Ernstes, die hätten mich bei den Römern angeschwärzt?

Mohammed: Ich will ja nur wissen, ob das stimmt, was ich in der Bibel der Christen lese. Ein gewisser Johannes schreibt, die Juden hätten während deines Verhörs vor Pontius Pilatus geschrien: «Fort mit ihm! Ans Kreuz!» Stell dir vor, geschrien sollen sie haben. Der Bericht liest sich, als sei es eine ganze Menge gewesen.

Jesus: Das Gegenteil ist wahr!

Barkeeper: Finde ich schon krass: Jesus korrigiert die Bibel.

Jesus: Vielen Menschen im Lande habe ich geholfen. Unzählige Leute sahen in mir einen Hoffnungsträger ...

Mohammed: ... das waren vor allem einfache und mittellose Menschen.

Jesus: Sie liessen es sich nicht nehmen, nach Jerusalem zu kommen und sich aus Sympathie zu mir vor dem Gerichtsgebäude aufzuhalten. Einige versuchten gar, zu Pilatus vorgelassen zu werden, um mich zu verteidigen.

Mohammed: Warum schreibt denn dieser Johannes solch haarsträubende Dinge, als ob alle Juden deinen Tod gefordert hätten?

Jesus: Johannes hat die Gerichtsverhandlungen nicht miterlebt. Er kannte mich nicht, verfasste sein Evangelium siebzig Jahre nach meinem Tod ...

Mohammed: ... eine sehr lange Zeit.

Jesus: Kommt dazu, dass Johannes keine schlafenden Hunde wecken wollte.

Mohammed: Was für schlafende Hunde?

Barkeeper: Köpfchen, Prophet, Köpfchen! Das waren die Römer. Ein Punkt für mich. Mit Verlaub, hast du nicht etwas voreilig gemeint, ich solle mich zurückhalten?

Jesus: Jedenfalls vermute ich, Johannes wollte die Römer schonen. Stell dir vor, er hätte klipp und klar ihnen die Schuld an meinem Tod in die Schuhe geschoben und sein Text wäre in ihre Hände gelangt. Sie hätten postwendend reagiert und hätten sich an den Christen gerächt. Wohl nicht allzu zimperlich.

Mohammed: Der Preis für diesen literarischen Schachzug war allerdings schmerzlich. Über Jahrhunderte mussten die Juden all den Hass der Welt über sich ergehen lassen. Und dies keineswegs aufgrund historischer Fakten.

Jesus: Es gab schon einige wenige einflussreiche jüdische Kreise, die mit den Römern paktierten, um sich ihre Privilegien zu sichern. Diese Glaubensgenossen setzten sich wohl kaum für mich ein.

Barkeeper: Ich weiss da noch von einem, der zumindest einigen Dreck am Stecken hatte, wenn es um die Schuld an deinem Tod geht. Judas, der dich verraten hat, diese miese Ratte.

Jesus: Ganz bestimmt nicht mein Freund Judas?

Mohammed: Judas, dein Freund?

Jesus: Er gehörte zu meinen engagiertesten Begleitern, ein feuriger Kopf. Tag und Nacht trieb ihn die Frage um, wie er Palästina von den Römern befreien könnte. Wir erörterten verschiedenste Pläne.

Barkeeper: Du hattest tatsächlich nicht bloss Religion im Kopf?

Jesus: Wo Menschen Opfer der Unterdrückung durch andere Menschen wurden, sah ich es als meinen Auftrag an, diese Unterdrückung vor aller Öffentlichkeit anzuprangern und dagegen einzuschreiten.

Barkeeper: Davon weiss ich ja gar nichts.

Jesus: Oft stritt ich mit Judas. Wir kriegten einander grausam in die Haare. Mein Freund wollte die Besatzer auf Gedeih und Verderben mit Waffengewalt aus dem Lande jagen.

Mohammed: Als Partisane?

Jesus: Jedenfalls als bewaffneter Kämpfer. Ich hingegen schlug einen anderen Weg vor. Mein Ziel war ein kreativer und gewaltloser Widerstand.

Mohammed: Judas war unschuldig an deinem Schicksal?

Jesus: Er war derart enttäuscht über meinen, wie er meinte, verzagten Umgang mit den Römern, dass er ihren Hintermännern einen Hinweis gab, wo ich leicht zu finden war. – Nein, Mohammed, niemand war schuld an meinem Tod. Ich allein habe mein Tun verantwortet.

Mohammed: Du nimmst alle Schuld auf dich?

Jesus: Sprich nicht weiter von Schuld. Mir gefällt dieses Wort ganz und gar nicht. Damit verrennst du dich bloss in ein Schwarz-Weiss-Schema. Der eine trägt dann die ganze Schuld, und der andere steht blütenweiss da. So verhält es sich nie im Leben.

Mohammed: Was ist sinnvoller?

Jesus: In einem Konflikt ist jede Partei mit einem gewissen Mass beteiligt. Darum spreche ich lieber von den entsprechenden Anteilen.

Mohammed: Konkret, in deinem tödlichen Konflikt?

Jesus: Ich machte nie einen Hehl daraus, eine andere Gesellschaftsordnung anzustreben. Das war mein Anteil am Konflikt. Die Römer haben das verstanden. Sie andererseits erkannten in mir eine beachtliche Gefahr und schritten ein. Darin bestand ihr Anteil.

Mohammed: Und? Was bringt es, statt von Schuld von Anteilen zu sprechen?

Jesus: Die Konsequenzen sind enorm. Wenn du Schuldige suchst, läufst du Gefahr, elegant von dir abzulenken. Geht es ab er zwischen Streitenden darum herauszufinden, auf welche Weise beide am Konflikt beteiligt sind, erkennen sie, wie sehr sie in ihre Auseinandersetzung verstrickt sind.

Barkeeper: Ich bin sicher, du lieferst uns gleich noch ein Beispiel aus deinen Erdentagen.

Jesus: Gerne. Ich hielt mich in der Nähe des Tempels auf. Plötzlich tauchten gesetzestreue Schriftgelehrte auf. Ziemlich unsanft zerrten sie eine Frau in die Mitte und erklärten, sie beim Ehebruch ertappt zu haben. Ich wusste, was jetzt kommen würde, und prompt fällten die Männer auch schon ihr Urteil über die bedauernswerte Frau. Gemäss dem Gesetze des Mose verlangten sie, die Frau müsse gesteinigt werden ...

Mohammed: ... ich verstehe diese Männer. Die Tat der Frau musste Konsequenzen haben.

Jesus: Hat dich Allah beauftragt, für diesen Fall die Steinigung im Koran festzuschreiben?

Mohammed: Nein, aber ...

Barkeeper: Hätte ich nie gedacht. In Mohammeds Koran findet sich nicht das geringste Argument, eine Frau bei Ehebruch zu steinigen. In der Bibel deiner Väter, mein lieber Jesus, ist aber die Steinigung sehr wohl vorgesehen.

Jesus: Sagte ich ja. Ich liess mich von den Gesetzeshütern aber nicht aufs Glatteis führen, denn sie wollten mich testen, ob ich das Gesetz des Mose anerkenne. Blitzschnell kam mir der rettende Gedanke. Ich schaute einem nach dem anderen direkt in die Augen und erklärte: «Jeder, der noch nie gesündigt hat, soll zu den Steinen greifen und sie gegen die Frau werfen!»

Mohammed: Ich weiss, keiner ergriff auch nur einen Stein.

Barkeeper: Genial! Absolut der Hammer, dieser Spruch.

Jesus: Sie schlichen alle davon wie begossene Pudel ...

Mohammed: ... und sahen den Balken nicht im eigenen Auge, den Splitter aber sehr wohl im Auge der Frau.

Jesus: Kompliment, Prophet! Du kennst dieses treffende Bild aus der christlichen Bibel.
– Ich kann einfach nicht verstehen, dass du mir meinen Tod am Kreuz nicht glaubst.

Mohammed: Er ist zu brutal und mit der Rolle eines Erlösers nicht vereinbar.

Jesus: Das Kreuz als Symbol?

Barkeeper: Trittst im Morgenrot daher, seh ich dich ...

Mohammed: Unser Barman, ein Patriot?

Barkeeper: Vom Kreuz war die Rede, meine Herren. Schaut euch das weisse Kreuz im roten Feld, wie es herausragt aus dem Flaggenmeer der UNO-Staaten. Da krieg ich Gänsehaut.

Mohammed: Köstlich, der weltgewandte Barkeeper als stolzer Schweizer!

Barkeeper: Beisst sich doch nicht.

Jesus: Das Kreuz als Symbol erschöpft sich Gott sei Dank nicht in der zerstörerischen Handhabung der römischen Weltmacht.

Mohammed: Und die Christen haben kein Monopol darauf?

Jesus: Religionsgeschichtlich tauchte das Kreuz bereits Jahrtausende vor den Römern auf. Es gab eine Zeit, da prägten weibliche Verhaltensweisen die Gesellschaft.

Mohammed: Die Zeit des Matriarchats.

Barkeeper: Als eingefleischte Machos nicht gerade eure Zeit, was?

Jesus: Wenn unser verehrter Herr Mixed-Drink-Experte vielleicht mal die Güte haben wollte, ein klein wenig dazuzulernen?

Mohammed: Jetzt sitzen wir doch schon seit geraumer Zeit bei dir an der Theke und du vermagst noch immer nicht zu unterscheiden zwischen Jesus und mir und dem, was die männerdominierte Religionsgeschichte aus uns beiden gemacht hat.

Jesus: Die von Frauen geprägte matriarchale Gesellschaft jedenfalls verehrte logischerweise weibliche Gottheiten. Bekannt sind kleine Figuren, die die Menschen schon 5000 Jahre vor meiner Zeit hoch in Ehren hielten.

Barkeeper: Was haben diese Figuren mit einem Kreuz zu tun?

Jesus: Man hat Darstellungen von Göttinnen mit ausgebreiteten Armen gefunden ...

Mohammed: ..., die aufrecht stehend den Gesamteindruck eines Kreuzes vermitteln ...

Jesus: ... und mit ihrer umarmenden Geste ein mütterliches Symbol offener Zuwendung und liebenden Beschützens darstellen.

Mohammed: Was für ein unüberbrückbarer Graben zum patriarchalen und grausamen Römerkreuz!

Barkeeper: Mir fällt was ein!

Jesus und Mohammed: Wir sind ganz Ohr.

Barkeeper: Ich bin ja katholisch getauft. Meine Eltern nahmen mich Sonntag für Sonntag zur Messe mit. Da hob der Priester manchmal plötzlich beide Arme zur Horizontalen. Ja, genau, das ist es, seht ihr es auch?

Jesus: Donnerwetter, Barman! Ich ritze ein Kreuz an die Diele.

Mohammed: Ich begreife jetzt gar nichts.

Jesus: Barman, du steigst in meiner Achtung.

Barkeeper: Wir sollten unseren Allah-Fan einweihen.

Jesus: Das lasse ich dich gerne tun.

Barkeeper: Freund Mohammed, mach dir keinen Kopf. Du konntest gar nicht dahinterkommen, du bist Moslem. Das verhält sich folgendermassen: Wenn der katholische Priester im Gottesdienst die Arme zur Waagrechten anhebt, nimmt er stehend zusammen mit seiner vertikalen Körperform die Form eines Kreuzes an.

Mohammed: Ich kann nur staunen.

Jesus: Ob allerdings die katholischen Priester als ehelose Männer noch wissen, dass sie die Geste einer uralten weiblichen Religion vollziehen, wenn sie während der Messe mit weit ausgebreiteten Armen ihren Gläubigen den Frieden wünschen?

6. Szene «Verschleierung? Habe ich nie angeordnet.»

Mohammed: Mein lieber Christus, Frauen sind ...!

Jesus: ... mit was für einem seltsamen Namen sprichst du mich denn heute an? Hat dir Allah in der vergangenen Nacht vielleicht im Traum eingegeben, mich so zu nennen?

Mohammed: Der Name Christus ist nicht Allahs Erfindung.

Jesus: Ich dachte, du willst dich über Frauen äussern?

Mohammed: Nicht, bevor meine heutige Anrede an dich geklärt ist. Du scheinst ja von Christus keine Ahnung zu haben.

Jesus: Ich komme dir schon auf die Schliche, du Schlaumeier. Du operierst mit Tacitus!

Barkeeper: Diese verstaubte Gestalt! Dabei würde ich lieber über Frauen reden.

Jesus: Geduld, Barman, du kommst schon noch auf deine Rechnung.

Mohammed: In seinem berühmten Werk schreibt Tacitus von einem Christus, der unter Pontius Pilatus gekreuzigt worden war, aber nicht von einem Jesus. Und der Name «Christen» stamme von diesem Christus.

Jesus: Zugegeben, meine Anhänger nannten mich zu meinen Lebzeiten nie so. Du behauptest allen Ernstes, die Christen berufen sich auf diesen Christus ...

Mohammed: ... der meiner Meinung nach an deiner Stelle ans Kreuz geschlagen wurde. Selbst die zuverlässige Quelle Tacitus hinterlässt uns diese Information, sofern wir ihn wörtlich nehmen. Eine sehr verzwickte Geschichte.

Barkeeper: Aber ich helfe euch doch gerne.

Jesus: Ach, der Barman!

Barkeeper: Mit einer Frau. Mit Greta Garbo.

Mohammed: Zieh bitte unseren theologischen Disput nicht ins Lächerliche.

Barkeeper: Die unvergessliche schwedische Filmschauspielerin hiess mit bürgerlichem Namen Greta Garbo. Sie beherrschte ihr Metier derart grandios, dass ihre Fans sie «Die Göttliche» nannten. Voilà, zwei Bezeichnungen ein und desselben Menschen.

Jesus: Du überraschst mich immer wieder.

Barkeeper: Was denkst du denn, ein Barman sei blöd?

Jesus: Dein Bild von den zwei Seiten ein und derselben Medaille könnte unser Problem mit den beiden Namen für mich lösen.

Mohammed: Die Menschen, denen du auf Erden eine neue Zuversicht geben konntest, waren restlos begeistert von dir.

Jesus: Sie zeigten mir ihre Emotionen auch wirklich, überhäuften mich mit allerlei schmeichelhaften Titeln. Die einen versicherten mir, ich sei der Sohn Gottes, andere nannten mich hinter vorgehaltener Hand gar Messias. Noch andere sprachen von mir als Sohn Davids.

Mohammed: Aber die Bezeichnung «Christus»?

Jesus: So hat mich zu meinen Lebzeiten keiner genannt.

Barkeeper: Deine Fans, die dich nicht persönlich kannten, haben dich nach deinem Tod mit dem ehrenvollen Titel Christus verehrt. Das tun sie noch heute. Der Begriff «Christus» stammt übrigens aus der griechischen Sprache. «Christos» heisst «Der Gesalbte».

Mohammed: Barkeeper: Dir gehört ein Lehrstuhl an der Universität.

Barkeeper: Ach was, wo war ich denn?

Jesus: Im Internet.

Barkeeper: Logo! Ist doch keine Kunst.

Mohammed: Der Gesalbte? Hast du auch dazu recherchiert?

Barkeeper: Die Bosse, Entschuldigung, Jesus, die Könige des israelitischen Volkes wurden gesalbt. Das bedeutete: Sie durften nun im Namen Gottes das Volk regieren.

Mohammed: Respekt, Jesus, einen höheren Ehrentitel konnten dir deine ersten Anhänger nach deinem Tod nicht verleihen

Jesus: Also starb am Kreuz doch nicht dieser Christus an meiner Stelle, dem geschichtlichen Jesus, wie du überzeugt bist, lieber Mohammed.

Mohammed: Offensichtlich nicht.

Barkeeper: Mohammed lernt dazu. Das lobe ich mir. Wenn das nur auch diese Islamisten endlich kapierten.

Mohammed: Ich gestehe freimütig: Wenn die ersten Christen derart tief überzeugt waren, der geschichtliche Jesus habe im Auftrag Gottes gehandelt und ihm deswegen den Hoheitstitel Christus beifügten, dann kann er wohl als Prophet kaum gescheitert sein.

Jesus: Aber doch wenigstens gescheitert mit Frauen, denkst du!

Barkeeper: Oh, jetzt gehts rund! Herrlich, wie du die Kurve zum Thema hingekriegt hast, Jesus!

Mohammed: Wir gelten zumindest unter selbstbewussten Frauen als schräge Vögel! Du warst nicht verheiratet, Jesus, und ich hatte etliche Frauen.

Barkeeper: Jesus, ich bitte dich bei der Ehre aller Männer, hattest du wirklich nie was mit einer Frau?

Jesus: Wer behauptet denn so etwas?

Mohammed: In der ganzen christlichen Bibel habe ich nichts von einer Ehefrau des Jesus aus Nazareth gelesen und ebenso nichts von Kindern.

Jesus: Und das soll ein hieb- und stichfester Beweis für meine Ehelosigkeit sein? Womöglich soll ich erotisch oder gar sexuell nie etwas mit einer Frau zu tun gehabt haben?

Mohammed: Die gesamte christliche Tradition geht davon aus.

Jesus: Mein Gott, schon wieder diese Tradition! Sie ist auf dem Holzweg.

Mohammed: Nun schrei doch nicht so laut! Siehst du denn nicht …

Barkeeper: … Ha, die Gäste dort hinten spitzen schon länger betont unauffällig die Ohren.

Jesus: Sie sollen ruhig hören, wie es wirklich war. Zu meinem engeren Freundeskreis gehörte auch Mirjam. Ich traf sie einst, als sie in einem schweren seelischen Tief steckte. Sie wollte unbedingt aus dem Sumpf der Prostitution aussteigen.

Mohammed: Sie war eine Prostituierte?

Jesus: Ja. Wo ist das Problem?

Barkeeper: Willkommen im Club, meine Herren. Neigt mir eure Ohren zu, ich verrate euch was. Der fünfte Gast an der Bar rechts von dir, Mohammed, ist eine Nutte. Klassefrau! Ich meine nicht nur das Outfit. Sie ist verdammt intelligent.

Mohammed: Du führst doch nicht etwa ein Bordell?

Barkeeper: Hier nicht, an der Bar bist du sicher. Nicht gleich weglaufen, Prophet! Keep cool!

Jesus: Dein Verhalten irritiert mich, Mohammed. Du hattest wie viele Frauen?

Mohammed: Darum geht es doch nicht.

Barkeeper: Er hat sich um alle fürsorglich gekümmert.

Mohammed: Eben. – Und du, Jesus, hast dich gleich um diese Prostituierte gekümmert. Ich kenne dich doch, mit deinem Helfersyndrom. Eine Frau in grösster Gottferne!

Jesus: Ein Mensch, Prophet Allahs, nichts als ein Mensch mit einem ziemlich schwierigen Schicksal! Mich interessiert das Wohlergehen eines jeden Menschen.

Barkeeper: Hatte wohl auch einen Namen, deine …

Jesus: … Mirjam.

Mohammed: Du hast sie so sehr umsorgt, dass es bald Konsequenzen nach sich zog?

Jesus: Ja, tiefgreifende Folgen.

Mohammed: Ihr bekamt ein Kind?

Jesus: Kannst du dir eine Beziehung zu einer Frau auch vorstellen, ohne gleich mit ihr zu schlafen und ein Kind zu zeugen?

Mohammed: Versteh mich doch. Ich bin ein Kind aus dem Übergang ins 7. Jahrhundert. Wir alle haben in den Frauen in erster Linie Geschlechtswesen gesehen. Sie galten uns als treu ergebene Ehefrauen, bestimmt zur Mutterschaft und zur Pflege des Hauses.

Jesus: Zu meiner Zeit galt es als Segen Gottes, viele Kinder geschenkt zu bekommen. Ich war aber ein Wanderprediger, hätte keine Familie ernähren und keine Kinder grossziehen können. Mirjam und ich lebten eine erotische, zärtliche und sexuell beglückende Beziehung.

Barkeeper: Ihr seid beieinander geblieben, bis ...

Jesus: Mirjam stand zu mir bis zu meinem bitteren Ende. Sie harrte unter dem Kreuz aus bis zu meinem letzten Atemzug.

Barkeeper: Würde heute nicht jede hinkriegen.

Jesus: Stell dir vor, Mohammed, es war eine Frau, es war meine Mirjam, die nach meinem Tod als Erste dem verzagten Kreis der männlichen Jüngerschaft verkündete, ich lebe weiter.

Mohammed: Du seiest auferstanden.

Jesus: Nenne es, wie du willst.

Barkeeper: Mann, war diese Frau stark.

Mohammed: Ich verstehe die Welt nicht mehr! Warum steht denn von deiner Beziehung zu Mirjam nichts in den christlichen Schriften?

Jesus: Stimmt! Die offiziell anerkannten Schriften schweigen über meine Beziehung zu Mirjam.

Barkeeper: Warum denn?

Mohammed: Vielleicht waren die führenden Theologen der jungen christlichen Kirche peinlich berührt von der Geschichte mit Mirjam?

Barkeeper: Sässest du nicht hier an der Bar, Jesus, kein Mensch würde etwas von deiner Mirjam erfahren.

Jesus: Ach was, man könnte es sehr wohl wissen. Andere, von der Kirchenführung nicht anerkannte Schriften berichten darüber, etwa ein gewisser Philippus, der Urheber eines Evangeliums über mich.

Barkeeper: Klar, warum die religiösen Bosse diese Schrift möglichst verheimlichen wollen.

Jesus: Ich vermute, die führenden Theologen und Päpste sind im Verlaufe der Zeit einer folgenschweren Idealisierung erlegen. Dabei haben sie mich zum körperlosen Engelwesen hochstilisiert ...

Mohammed: ... das letztlich schon zu seinen Zeiten auf Erden gar nicht erst mit Sexualität in Berührung kam.

Jesus: Als ich mich in Mirjam verliebte, entstanden bald einmal Spannungen im Kreis meiner Gefolgsleute. Eifersucht und Neid stellten unsere verschworene Gemeinschaft auf eine harte Probe. Petrus, Andreas und Judas warfen mir insgeheim vor, mich zu sehr um Mirjam zu kümmern und dabei die Freunde und den Auftrag Gottes zu vernachlässigen. Martha hätte liebend gerne den Platz von Mirjam eingenommen und Hanna versuchte eine Zeitlang Stimmung zu machen gegen meine Freundin.

Barkeeper: Da war aber ganz schön Feuer im Dach!

Mohammed: Diese durchaus menschlichen Gefühlsregungen mochten vielleicht die massgebenden Vertreter der Kirche noch zusätzlich dazu geführt haben, deine Beziehung zu Mirjam unter Verschluss zu halten.

Jesus: Sie passten nicht in ihr Bild, das sie von mir entwickelten und das sie den Leuten zu glauben vorschrieben.

Mohammed: Zwar lebten die Beduinen zu meiner Zeit mehrheitlich monogam. Auch ich selber war in Mekka längere Zeit nur mit einer Frau verheiratet.

Barkeeper: Moment, das war Chadidscha, scharfer Name, konnte ich mir merken ...

Mohammed: ... eine reiche Witwe und Geschäftsfrau, fünfzehn Jahre älter als ich ...

Barkeeper: Wäre nicht mein Ding, so viel älter.

Mohammed: Das begreifst du nicht. Ich fühlte mich geehrt. Chadidscha war von vielen Männern sehr begehrt. Sie unterhielt Karawanen. Eines Tages betraute sie mich mit der Führung eines Karawanenzugs.

Barkeeper: Geld, sehr viel Knete! Eine Zweckverbindung.

Mohammed: Nun höre dir doch meine Geschichte erst mal zu Ende an.

Barkeeper: Sorry!

Mohammed: Offenbar vermochte ich Chadidscha als Kaufmann und vor allem als ehrlicher und zuverlässiger Mann zu überzeugen. Nach der Heimkehr von einer Handelsexpedition nach Syrien bot sie mir die Heirat an ...

Jesus: ... und öffnete dir damit Tür und Tor zu den einflussreichsten Kreisen der erlauchten Gesellschaft Mekkas.

Mohammed: Viel wichtiger waren mir Menschen, die meine Botschaft vom einen und einzigen Gott freudig begrüssten. Chadidscha gehörte als eine der Ersten zu ihnen.

Jesus: Lass dich umarmen, Gesandter Allahs. Wir dürfen uns glücklich schätzen, durften wir doch beide das Leben mit zwei spannenden Frauen teilen.

Mohammed: Wohl wahr, Jesus! Als mir der Erzengel Gabriel in der Höhle am Berg Hira ein erstes Mal erschien und mir Offenbarungen Allahs übermittelte, fiel ich in Ohnmacht. Ich fürchtete gar um meinen Geisteszustand. Alle erwarteten, ich würde mich den ältesten männlichen Familienmitgliedern anvertrauen. Stattdessen rannte ich schnurstracks zu Chadidscha und suchte bei ihr Schutz und Hilfe.

Barkeeper: Verlachte man dich nicht auf der Stelle als Memme?

Jesus: Du öffnetest dein Herz ja ausgerechnet einer Frau und vertrautest ihr deine schmerzhaften seelischen Kämpfe an? Frauen galten doch wie schon zu meiner Zeit in der jüdischen Tradition auch in deiner Stammesgesellschaft als Wesen zweiten Ranges.

Mohammed: Wundert euch ruhig! Ich gebe euch noch ein Beispiel, wie ich zu Frauen stand. Wir lebten schon in Medina. Eines Tages musste ich die Oase aus Geschäftsgründen für längere Zeit verlassen. Ich ordnete an, die Gläubigen sollten sich in religiösen Fragen während meiner Abwesenheit an meine blutjunge Frau Aischa wenden.

Barkeeper: Noch eine Frau? Und in ihrem jugendlichen Alter bereits eine Autorität in deiner Gemeinschaft?

Mohammed: Kaum zwanzig Jahre alt war Aischa damals.

Jesus: Dann gingst du eine Beziehung nach der anderen ein, mit Hafsa, Umm Salama, Sauda und wie sie alle noch hiessen.

Barkeeper: Ganz schön potent, mein lieber Prophet!

Mohammed: Darum ging es doch gar nicht. Die eine oder andere Verbindung ging ich aus rein politischem Kalkül ein.

Jesus: Das war aber nicht die feine Art gegenüber diesen Frauen.

Mohammed: Versteh doch! Unsere Gemeinschaft war noch sehr klein. Manchmal fürchtete ich um ihren Fortbestand. Deshalb ging ich strategische Ehen ein.

Barkeeper: Sozusagen Ehen mit grösstmöglicher Effizienzgarantie.

Mohammed: Meine Ehe mit der Jüdin Raihana sicherte mir die Loyalität des jüdischen Clans der Banu Quraiza. Die Zuneigung des Herrschers von Ägypten gewann ich über die Ehe mit der koptischen Christin Mariya.

Barkeeper: Ganz der Kaufmann, der du warst!

Mohammed: Ich ging sogar eine Ehe ein, um den Muslimen ein besonderes Beispiel zu geben. Sauda war eine Witwe im vorgeschrittenen Alter. Ich nahm sie zur Frau, um den Gläubigen die Fürsorge für Frauen ohne wirtschaftliche Sicherheit zu zeigen.

Jesus: Wie konntest du nur so vielen Ehefrauen gerecht werden?

Mohammed: Denk an Abraham, unseren gemeinsamen Stammvater. Er hatte Sara, ging aber auch ein Liebesverhältnis mit seiner Magd Hagar ein. Aussergewöhnlich erschien den Leuten zu meiner Zeit ja nicht meine stattliche Anzahl Frauen. Als unerhört empfanden die Mekkaner viel mehr meine über zwanzig Jahre dauernde Einehe mit Chadidscha.

Barkeeper: Was denn nun? Warst du für die Einehe oder wolltest du die Polygamie propagieren?

Jesus: Im Koran steht, ein Moslem soll bis zu vier Frauen ehelichen dürfen und habe Anspruch auf eine beliebige Anzahl Konkubinen. Verordnung von dir oder von ganz oben?

Mohammed: Keine Verordnung! Viel mehr ein Zugeständnis ...

Barkeeper: ... an übermässig triebgesteuerte Männer?

Mohammed: Ein muslimischer Mann lebt seine Sexualität nicht mehr und auch nicht weniger aus als irgendein Mann auf dieser Welt. Die Erlaubnis, bis zu vier Frauen zu ehelichen, stammt allein von mir. Allah hat damit nichts zu tun.

Barkeeper: Islamisten, bitte Ohren zu!

Mohammed: Dieser Erlass hat einen geschichtlichen Hintergrund. Wir lebten erst drei Jahre in Medina. Unsere Gemeinschaft war zahlenmässig noch recht klein, aber dank des Glaubens an Allah von enormer innerer Kraft. Zugegeben, ich befahl den einen oder anderen Überfall auf Karawanen aus Mekka.

Jesus: Wohl aus lauter Rache für die Ablehnung in deiner Vaterstadt.

Mohammed: Ich war auch nur ein Mensch! Aber diese Razzien mussten wir bitter büssen. Im Jahre 3 unserer muslimischen Zeitrechnung kam es zur Schlacht bei Uhud. Die Mekkaner fügten uns eine grauenvolle Niederlage bei. Wir verloren viele Männer. Zurück blieb eine grosse Zahl von Witwen und Waisen. Deswegen erlaubte ich die Mehrehe, um diesen Frauen und vaterlosen Kindern den nötigen Schutz zu gewähren. Daran knüpfte ich die Bedingung, mehrere Ehen nur dann eingehen zu dürfen, wenn die Männer auch wirklich die entsprechende Versorgung garantieren konnten.

Jesus: Ein Recht auf vier Frauen, worauf sich ein Moslem unserer Tage gar nicht berufen darf.

Mohammed: Ja, in keiner Weise! Ich kann mir mit dem besten Willen nicht vorstellen, dass es eine Frau begrüsst, wenn ihr Mann auch noch mit drei anderen Frauen vertraut umgeht. Mir selber erwuchsen enorme Schwierigkeiten, die stets wieder aufflammenden Eifersuchtsszenen zwischen meinen Ehefrauen ins Lot zu bringen.

Jesus: Dein Ideal war immer schon die Einehe?

Mohammed: Im Gegensatz zu euch Juden und zu den Christen glauben wir, Allah habe Mann und Frau gleichzeitig aus einer einzigen Zelle geschaffen.

Jesus: Ruf das ganz laut in alle Welt hinaus, Prophet! Gleichzeitig geschaffen!

Mohammed: Krieg dich ein, Jesus!

Jesus: Siehst du denn die Konsequenzen nicht? Reden Juden und Christen über den Mythos der Erschaffung der ersten Menschen, bringen sie partout immer das Bild von der Rippe Adams, aus welcher Gott die Eva erst als zweiten Menschen geformt haben soll.

Barkeeper: Gibt es noch einen anderen Text?

Jesus: Erstens die kaum noch bekannte Legende von Lilith. Ich habe von ihr an dieser Bar schon erzählt. Dann steht in einem zweiten, rund dreihundert Jahre jüngeren Schöpfungstext schlicht und einfach: «Und Gott schuf den Menschen nach seinem Bilde, nach dem Bilde Gottes schuf er ihn, als Mann und Frau schuf er sie.»

Mohammed: Keine Rangordnung! Mann und Frau sind gleich viel wert!

Barkeeper: Warum zum Kuckuck reden alle nur immer von dieser Rippe?

Jesus: Das hat Methode, Barman. Dahinter stehen faustdicke Interessen.

Mohammed: Den konservativen Theologen kam das Bild mit der Rippe höchst gelegen. Damit konnten sie den einfachen Leuten einhämmern: Zuerst dachte Gott an den Mann. Erst dann gab ihm der Allerhöchste eine Frau zur Seite, ein klar minderwertiges Wesen.

Barkeeper: Clevere Brüder! Dann ist es ja gar nicht Gottes Idee, dass die Frau bloss den zweiten Rang einzunehmen hat.

Jesus: Sie gaben es als Gottes Weisung aus, diese raffinierten Denker.

Barkeeper: Auf ihrem Mist ist demnach gewachsen, dass sich der Rippen-Text durchgesetzt hat und der andere schwer vernachlässigt wurde.

Jesus: Seht euch die Wirkungen an: Eva, die ewige Verkörperung der ungehorsamen, labilen und stets zur Sünde neigenden Frau. Die rechtlose Dienerin des Mannes. Er, das einzig wahre Abbild Gottes. Sie, das Ideal der asexuellen Jungfrau oder dann wieder die verruchte, mit dem Teufel im Bunde stehende Hexe ...

Mohammed: ... Halt ein, Jesus. Ich habe vielleicht zu dieser Geringachtung der Frau auch beigetragen, war ich doch von den Gepflogenheiten der traditionellen Stammesgesellschaften meiner Zeit geprägt. Dennoch gelang es mir, das Los der Frau in der arabischen Gesellschaft zu verbessern.

Jesus: Nicht gerade das Bild, das die Menschen landläufig von dir haben.

Mohammed: In der Umma, unserer Glaubensgemeinschaft, verschaffte ich den Frauen immerhin das Recht, über eigenen Besitz verfügen zu dürfen und zudem den Besitz ihres Mannes zu erben. Diese Möglichkeit blieb Frauen vor meiner Zeit verwehrt. Allerdings stand ich bis auf mein Lebensende auf dem Standpunkt, Mann und Frau stünden typische, geschlechtsspezifische Aufgaben zu. Dem Mann die Rechtsprechung, der Handel und die Kriegsführung, der Frau alle Belange des Hauses, die Betreuung der Kinder und die Sorge um das Wohlergehen des Mannes.

Jesus: Diese funktionale Zuordnung von dir als Autorität wirkte sich fatal aus. Spätere Nachfolger dürften daraus falsche Konsequenzen gezogen und die Unterordnung der Frau unter den Mann zementiert haben, was nicht nur du als Prophet nie gelehrt hast, sondern auch Allahs Absicht widerspricht ...

Mohammed: ... zumindest dem Bild, das ich von ihm habe und den Offenbarungen, die ich von ihm bekam.

Barkeeper: So ein Witz, Frauen dürfen in Saudi-Arabien noch immer nicht Auto fahren. Einer Frau verpassen sie zehn Peitschenhiebe, wenn sie am Steuer eines Autos erwischt wird.

Jesus: Keine Frau darf sich öffentlich mit einem fremden Mann zeigen. Hat sie wichtige Entscheide zu fällen, wird ihr ein Vormund zur Seite gestellt, der das für sie erledigt.

Barkeeper: Jüngst erzählte mir ein Gast aus Jemen, die Scharia stünde voll auf der Seite eines Vaters, wenn dieser seine neunjährige Tochter einem viermal älteren Mann zur Ehe gibt.

Jesus: Die Taliban verbieten einer Frau strikte, sich zu schminken. In einer christlichen Gesellschaft der Gegenwart ein Ding der Unmöglichkeit.

Mohammed: Freue dich nicht zu früh, mein Lieber! Die Schweiz mit ihren zweifellos christlichen Wurzeln kennt fast noch subtilere Ungerechtigkeiten. Nimm die Frauen, die im Vergleich zur selben Arbeit, die ein Mann verrichtet, auch zu Beginn des 21. Jahrhunderts in den meisten Fällen noch immer bis zu einem Fünftel weniger Lohn erhalten.

Barkeeper: Zudem bringt es die katholische Kirche noch immer fertig, die Frau für unwürdig zu erachten, das Amt einer Priesterin zu bekleiden. Unter aller Kanone finde ich die Begründung dafür.

Jesus: Durch eine Frau ist die Sünde in die Welt gekommen.

Barkeeper: Viel abenteuerlicher!

Jesus: Ich halte mir lieber die Ohren zu.

Barkeeper: Die obersten Gralshüter im Vatikan argumentieren, du seiest schliesslich keine Frau gewesen und habest keine Frauen ins Priesteramt berufen.

Jesus: Das Bild, das eine Frau am meisten demütigen muss, finde ich allerdings in deinem Koran, Mohammed.

Barkeeper: Bemerkenswert, wie du in brenzligen Situationen deinen Kollegen Mohammed immer wieder elegant ins Spiel bringst.

Mohammed: Ich ahne schon, was jetzt kommt.

Jesus: Ist doch so! Im Vers 223 der 2. Sure schiesst du einen sexistischen Pfeil der Sonderklasse los: «Eure Frauen sind für euch ein Saatfeld. Geht zu eurem Saatfeld, wo immer ihr wollt ...»

Mohammed: Ich zitiere aus einem gewissen Brief an die christliche Gemeinde von Ephesus. «Ihr Frauen, ordnet euch euren Männern unter! Dadurch zeigt ihr, dass ihr euch dem Herrn unterordnet. Denn der Mann steht über der Frau, so wie Christus über der Gemeinde steht.»

Barkeeper: Toller Schlagabtausch! Bitte mehr davon. Es steht 1:1.

Mohammed: Die Anordnung an diese christliche Gemeinde geht doch auf dich zurück?

Jesus: Ich kenne diese Worte nicht.

Mohammed: Ein gewisser Paulus soll sie verfasst haben. Beinahe die halbe christliche Bibel soll aus seiner Feder stammen.

Jesus: Ach dieser erste Theologe der jungen Christenheit. Ein blitzgescheiter Mann. Als so genannter Völkerapostel könnte jedes heutige Unternehmen sich glücklich schätzen, ihn als Manager verpflichten zu dürfen.

Mohammed: Du schwärmst in den höchsten Tönen von diesem Paulus.

Jesus: Er ist mir nicht ganz geheuer. Erstens sind wir uns nie begegnet. Woher will dieser Mann also wissen, wer ich war und welche Anliegen ich vertrat? Zweitens ...

Mohammed: ... war er Missionar ...

Barkeeper: Ein gerissener PR-Fritz!

Jesus: ..., was ich selber gar nie war und wozu ich keinen Auftrag erteilte ...

Mohammed: ... im Gegensatz zu mir, der ich gegen Ende meines Lebens zur Überzeugung fand, der Islam müsse sich über die ganze Welt ausbreiten.

Jesus: Im Übrigen meine ich, es macht keinen Sinn, uns weiterhin Zitate um die Ohren zu schlagen, die mit uns nichts zu tun haben ...

Mohammed: ... und uns gegenseitig für Traditionen, Bräuche und Auswüchse verantwortlich zu machen, die unserer Kernbotschaft sogar zuwiderlaufen.

Barkeeper: Schade. Ich hätte dem Sieger des Wettbewerbs «Wer schlägt wem die härteren Zitate um die Ohren?» gerne einen exquisiten Drink offeriert.

Jesus: Kümmere du dich lieber um unsere Wette, die du ohnehin verlieren wirst.

Barkeeper: So ungeduldig und voreilig im Urteil, Erlöser der Christen? Von dieser Seite kenne ich dich ja gar nicht.

Jesus: Wo waren wir stehen geblieben, bevor unser Barman uns wieder auf seichte Fährten führte?

Mohammed: Mir kommen die Wahabiten in den Sinn, Anhänger eines gewissen Muhammad ibn Abd al-Wahab aus dem 18. Jahrhundert. Er trat mit der Forderung auf, echt sei ein Moslem nur, wenn er lupenrein lebe wie ich zu meinen Lebzeiten als Prophet in Mekka.

Jesus: Das sind längst vergangene Zeiten.

Mohammed: Schön, wenn du recht hättest. Hast du aber nicht. Halt dich fest, Jesus! Der Wahabismus ist im heutigen Saudi-Arabien offizielle Staatsreligion. Die Wahabiten verstehen sich als einzig wahre und richtige Moslems. Gnadenlos wenden sie die Scharia an.

Barkeeper: Hatten wir doch schon erwähnt: Auspeitschungen und Hinrichtungen. Keine Seltenheiten, ich lese Zeitungen, schaue fern.

Mohammed: Es stimmt mich traurig. Neben den staatlichen Ordnungshütern richtet die Religionspolizei ihr scharfes Auge schon auf geringfügigste Verletzungen der sittlichen Ordnung. Die Ausübung anderer Religionen ist streng untersagt.

Jesus: Oh Gott, eine Theokratie!

Barkeeper: Theokratie? Da muss ich passen. Ich geh gleich ins...

Jesus: ... Internet. Nicht nötig. So viel Griechisch habe ich noch im Kopf. Theos = Gott und kratein = herrschen.

Barkeeper: Gottesherrschaft.

Jesus: Ich kenne kaum ein hässlicheres Wort. Und noch grausiger ist seine Anwendung. Fanatische Religiöse behaupten, ihre erbärmliche Herrschaft über gläubige Menschen wäre vom Allerhöchsten abgesegnet.

Barkeeper: Ein Paradebeispiel für die zerstörerische Wirkung fundamentalistischer Arroganz.

Mohammed: ... und für die Unverfrorenheit dieser Leute, sich in allen Jahrhunderten auf dich, Jesus, oder auf mich zu berufen ...

Jesus: ... als ob diese Scheinheiligen mit Sicherheit je gewusst hätten, was wir gedacht haben!

Mohammed: Manche Eiferer behaupten doch steif und fest, ich hätte im Namen Allahs die totale Verschleierung der Frauen befohlen.

Jesus: Hijab, Tschador, Niqab, Burka, Abaya, Kheimar, ... Ich weiss gar nicht mehr, wo mir der Kopf steht. Zugegeben, eine Frau in einem adretten Hijab – wow! Kann auf mich ganz erotisch wirken. Aber mit einer Burka verkleidet? Unmöglich! Die Person und ihre Persönlichkeit verschwinden unter diesem Kleidungsstück.

Mohammed: Die Verschleierung der Frauen war längst vor meiner Zeit als Prophet schon weitherum bekannt. Aus Syrien vernahmen wir, Frauen trügen dort einen Schleier als Zeichen für ihre Zugehörigkeit zu vornehmen Kreisen der Gesellschaft.

Jesus: Ich trug als Jude nie eine Kopfbedeckung.

Mohammed: Warum bringst du die Kippa, die Kopfbedeckung jüdischer Männer, ins Spiel?

Jesus: Genau wie die weibliche Verschleierung hat auch dieses dezente Bekleidungsstück seinen tieferen Sinn.

Mohammed: Der wäre?

Jesus: Fromme Juden wollen mit der Bedeckung des Hauptes in aller Öffentlichkeit ihre Ehrfurcht vor Gott zeigen. Zwischen dem, was Gott am nächsten kommt, dem Kopf, und dem Allmächtigen droben im Himmel darf es keine direkte Berührung geben. Darum soll etwas dazwischengeschoben werden.

Barkeeper: Ich bin ja nicht gerade ein religiöses Vorzeigemodell. Aber gewisse Symbole wie eben das mit dieser jüdischen Mütze finde ich schon ganz lässig.

Mohammed: Ich unterstütze Männer nicht, die ihre Frauen zwingen, sich zu verschleiern. Auf mich und den Koran können sie sich jedenfalls nicht berufen.

Barkeeper: Haben wir in dieser Deutlichkeit gerne registriert, nicht wahr Jesus?

Jesus: Mit Genugtuung, ja.

Mohammed: Was habt ihr nur für ein Bild von mir?

Barkeeper: Verzeih, Prophet, die Leute werfen halt alles in einen Topf…

Jesus: …und am Schluss musst du für alles geradestehen, was im Islam seltsame Blüten treibt. Ich kenne das.

Mohammed: Darum will ich euch den historischen Ursprung der umstrittenen Verschleierung muslimischer Frauen erklären.

Barkeeper: Für eine neuerliche Überraschung dürfte gesorgt sein. Ich halt den Mund vorsorglich schon jetzt offen.

Mohammed: Mein Haus in Medina war in den Anfängen gleichzeitig auch die erste Moschee. Dort gingen Menschen ein und aus. Abgesandte fremder Stämme wohnten darin, in unmittelbarer Nähe der Gemächer meiner Ehefrauen. Es ging mir darum, sie vor allzu neugierigen Blicken zu schützen. Also hiess ich sie, ihrem Stand gemäss als meine Vertrauten, sich zu verhüllen…

Jesus: …während die übrigen Frauen deiner neu gegründeten Gemeinschaft sich einfach dezent zu kleiden hatten?

Mohammed: Richtig! Es ist ein Armutszeugnis, wie heute für die Verschleierung der Frau argumentiert wird, als ob die muslimische Frau ein Besitzstück ihres Mannes wäre und ihr nicht dieselbe Würde zukomme, darüber zu entscheiden, was mit ihrem Körper geschieht, wie dem Mann.

Barkeeper: Mein Mund bleibt offen!

Mohammed: Und jetzt halte dich fest, kleiner Barman, gleich haut es dich unter die Theke.

Jesus: Köstlich, unser Barman muss sich vom Zahnarzt den Unterkiefer wieder hochklappen lassen.

Mohammed: Jede Frau hat das Recht, ihr Frausein auch durch erotische Ausstrahlung zu unterstreichen. Allah hat sie schliesslich auch mit dieser Kraft geschaffen, wie übrigens die Männer auch. Wenn diese allerdings ihre sexuellen Phantasien beim Anblick schöner Frauenhaare nicht zügeln können, ist das ihr Problem, sicher nicht dasjenige der betreffenden Frauen.

Barkeeper: Fertig, Prophet?

Mohammed: Mehr Aufklärung braucht es nicht.

Barkeeper: Sensationell! Ich werde auf der Stelle Moslem!

Mohammed: Dazu braucht es mehr als die Begeisterung über ein paar Bemerkungen zur Erotik von Frauen. Übrigens, schau dir Jesus an! Wenn mich nicht alles täuscht, plagt ihn schon eine leichte Eifersucht.

Jesus: Sei unbesorgt, ich bin kein Erbsenzähler. Einer mehr oder weniger in deiner Gemeinschaft – lasst uns zurückkehren zu unserem Thema. Vielleicht ist diese Verschleierungshysterie islamistischer Männer eine gezielte Attacke gegen die freizügige Bekleidung westlicher Frauen ...

Mohammed: ... womit solche Männer noch einmal zeigen, dass sie offenbar damit nicht umgehen können. Sie selber sind das Problem ...

Jesus: ... und sie merken es nicht ...

Mohammed: ... und würden es auch nie und nimmer zugeben. Ich sage laut und deutlich: Ob eine Frau ein Kopftuch trägt oder sich anderswie verschleiert, entscheidet einzig und allein sie selber.

Jesus: Nicht ganz. Ausgerechnet der freien westlichen Gesellschaft bereitet die Totalverschleierung muslimischer Frauen ein Problem. Erscheint eine Muslima komplett verhüllt auf einer Amtsstelle ...

Barkeeper: ..., hört der Spass auf.

Mohammed: Bitte, hier geht es nicht um Spass.

Barkeeper: Okay. Aber diese Frauen fordern mit ihrer Ganzkörperverhüllung unsere Toleranz heraus. Es geht nicht an, dass irgendwelche wandelnden Kleiderständer ...

Mohammed: Barman, du verlierst den Anstand. Ich begleiche meine Rechnung und verlasse deine Bar, solltest du dich weiterhin derart unflätig äussern.

Jesus: Und eine Basketballerin, die darauf besteht, nur mit Kopftuch spielen zu wollen?

Mohammed: Allah sei Dank, war dieses Problem in meinem Medina des 7. Jahrhunderts gänzlich unbekannt. Muss ich heute Kraft meiner Autorität als Prophet entscheiden, erkläre ich unmissverständlich: Die Frau hat ihr Kopftuch zu jedem Meisterschaftsspiel abzulegen und gefälligst im einheitlichen Teamdress aufzulaufen.

Barkeeper: Ganz in meinem Sinn! Wir sind wieder versöhnt, Prophet.

Mohammed: Eine religiöse Argumentation für einen Auftritt mit Kopftuch im Sport gibt es nicht. Ein positives Urteil eines muslimischen Rechtsgelehrten in diese Richtung wäre schlicht falsch.

Jesus: Mir reicht es so langsam, lieber Mohammed! Diese endlose Aufzählung von Kränkungen der Frauen in den drei monotheistischen Religionen.

Mohammed: Vergiss es nicht, es waren bestimmte Theologen, welche die Frauen ins schiefe Licht rückten. Und diese werden nicht aussterben.

Jesus: Deshalb setze ich auf die Gegenkraft.

Barkeeper: Auf Frauenpower ...

Jesus: ..., die diese krankhaften religiösen Verformungen in positive Kraft zu verwandeln versteht.

Mohammed: Ich hätte da noch eine Frage, auf deren Antwort ich schon lange neugierig bin.

Barkeeper: Immer wieder mal was Neues: Mohammed, der neugierige Prophet!

Mohammed: Die halbe Menschheit munkelt über die Figur, die auf der Abendmahlsdarstellung von Leonardo da Vinci rechts von dir sitzt, Jesus.

Jesus: Ich verstehe nicht.

Mohammed: Sitzt da deine Freundin Mirjam oder ist es der Jünger Johannes, wie die meisten Menschen meinen?

Jesus: Ich habe das Bild von da Vinci nie gesehen. Warum sind die Leute unsicher, wen der Maler rechts von mir porträtiert hat.

Mohammed: Ach, es wird gemutmasst, Johannes sitze neben dir und ...

Jesus: ... Was ist los, Mohammed? Warum dein zögerliches Gehabe?

Mohammed: Man sagt, du und Johannes, ihr hättet vielleicht homosexuelle Gefühle füreinander empfunden.

Jesus: Mein lieber Freund, Johannes war mein Jüngster unter den engsten Vertrauten. Ich räume ein, mich zu ihm hingezogen gefühlt zu haben.

Mohammed: Homoerotisch?

Jesus: Ja.

Mohammed: Um Gottes willen, Jesus!

Jesus: Johannes brauchte noch eine starke Hand. Deswegen nahm ich mich seiner besonders an und sorgte für ihn wie für meinen Sohn. Keine Angst, Mohammed, ich bin nicht schwul, kann aber durchaus liebevolle Gefühle für einen Mann empfinden. Deshalb homoerotisch.

Mohammed: Ein schwuler Jesus hätte mir gerade noch gefehlt!

Barkeeper: Was soll eigentlich diese Entrüstung über Schwule? Ich bin bisexuell. Hat mich der liebe Gott nicht auch erschaffen? Los, Mohammed, ich will eine Antwort, aber gefälligst eine ehrliche, kein Gelaber!

Mohammed: Nun, ich kann nicht behaupten, er habe dich nicht erschaffen.

Barkeeper: Ach, war er bei mir vielleicht nicht ganz bei der Sache oder gar betrunken?

Jesus: Lass diese unpassenden Gedanken, Barman. Für mich bist du okay.

Barkeeper: Danke.

Mohammed: Was ist nun mit deiner Freundin Mirjam? Ist sie die Gestalt neben dir auf da Vincis Abendmahl?

Jesus: Ich habe keine Ahnung, wen Leonardo auf seinem Gemälde neben mich gesetzt hat. Ich weiss nur, dass Mirjam damals im Abendmahlsaal an meiner Seite sass. Glaubst du im Ernst, ich hätte ohne meine geliebte Mirjam das Passahmahl feiern wollen?

Mohammed: Ich habe genug zu verdauen. Hast du Lust auf eine Partie Schach?

Jesus: Es gab ihn zu meiner Zeit in Palästina zwar leider noch nicht. Aber ich würde lieber gerne Fussball spielen.

Mohammed: Wir beide zusammen mit Buddha, Konfuzius, Zarathustra, Laotse, Abraham, Mose, Sokrates, Ghandi und Luther gegen eine Auswahl aus der grossen Zahl katholischer Heiliger.

Jesus: Mit dir im Tor...

Mohammed: ...und ganz sicher mit Stürmer Martin Luther am linken Flügel!

Barkeeper: An mich denkt wieder keiner.

7. Szene Fussball – Religion 1:0

Jesus: Was ist plötzlich los?

Mohammed: Die Bar wird buchstäblich überrannt.

Barkeeper: Moment, ich muss den Fernseher einschalten, sonst drehen die hier noch durch.

Jesus: Fussball!

Barkeeper: Jesus, ich bitte dich, nicht einfach nur Fussball. Das ist der «Classico», FC Barcelona gegen Real Madrid. Schau dir dieses Tollhaus an hier drin.

Jesus: Spielen sie im Camp Nou?

Barkeeper: Oh, ein Experte! Respekt. Und richtig erkannt: das magische Camp Nou. Sorry, bin schon wieder weg. Hier ist der Teufel los.

Jesus: Dein Geschäft geht vor. Den Teufel aber lass lieber draussen.

Mohammed: Hast du Erinnerungen an Barcelona, Jesus?

Jesus: Wie sollte ich? Ich war nie in Spanien. Aber in Barcelona soll heute die grösste jüdische Gemeinde der iberischen Halbinsel leben ...

Mohammed: ... und die Rambla de Canaletes sei der beliebte Treffpunkt der Fans des FC Barcelona, habe ich mir mal erklären lassen.

Jesus: Sag nur, du seiest ein Anhänger dieser brillanten Fussballmannschaft!

Mohammed: Ich bin in Sachen Fussball ein Waisenknabe. Aber ich möchte mit dir ein Experiment durchspielen.

Jesus: Wir haben noch Zeit, das Spiel beginnt erst in einer knappen halben Stunde.

Mohammed: Folgendes: Stelle dir vor, an einem Sonntagnachmittag treten auf der belebten Rambla de Canaletes drei Persönlichkeiten auf ...

Jesus: ... König Juan Carlos, Montserrat Caballé und Pablo Picasso ...

Mohammed: ... Nein! Du, Lionel Messi und ich!

Jesus: Was glaubst du, was da los wäre!

Mohammed: Genau das möchte ich für mein Leben gerne herausfinden. Angenommen, wir drei tauchten an einem Sonntagnachmittag auf dieser Rambla auf. In gebührendem Abstand voneinander bekäme jeder eine kleine Bühne. Wir würden Autogrammkarten signieren. Wer von uns würde am meisten bestürmt?

Jesus: Das sind ungleiche Spiesse. Du tätest mir leid, Mohammed, zu dir würden sich bloss ein paar Menschen verirren, aus lauter Mitleid.

Mohammed: Danke für deine wertschätzende Beurteilung.

Jesus: Ich bin bloss ehrlich und realistisch.

Mohammed: Du könntest dich allerdings täuschen. Als exotische Gestalt hätte ich vielleicht mehr Zulauf als dir lieb wäre. Und du? Du bist doch schon einmal in Spanien erschienen.

Jesus: In Sevilla, zur Zeit der Ketzerverfolgungen.

Mohammed: Ganz Spanien war katholisch, und schon damals hat dich niemand erkannt.

Jesus: Das ist eine ganz andere Geschichte.

Mohammed: Brauchen wir in unserem aktuellen Fall noch zu rätseln? In Barcelona würde doch die weitaus grösste Menschentraube an Messi hängen.

Jesus: Lass uns darum das Planspiel-Experiment aus Gründen der Fairness im australischen Canberra durchführen, so quasi auf neutralem Boden.

Mohammed: Neutral, denkst du?

Jesus: Australien ist kein klassisches christliches oder muslimisches Land.

Mohammed: Aber der Fussball hat längst auch diesen Kontinent erobert.

Jesus: Glaubst du, die kennen dort den kleinen argentinischen Ballvirtuosen vom FC Barcelona?

Mohammed: Und ob! Wir hätten auch dort kaum Chancen auf den ersten Platz.

Jesus: Was ist denn nur mit diesem Fussball los?

Mohammed: Wo? Hier mit dieser Meute vor dem Fernseher? In Barcelona?

Jesus: Überhaupt mit dem Phänomen Fussball.

Barkeeper: Noch was zu trinken, bevor der Hit beginnt? Ich hab euch ja versichert: Hier geht der Teufel um. Schon so was erlebt in euren Gotteshäusern?

Mohammed: Dorthin verirrt sich kein Teufel.

Barkeeper: Das hier ist der wahre Gottesdienst, meine Herren. Hier tanzen die Menschen, flippen aus, beten und fluchen. Im Fussball finden sie Halt und Orientierung.

Jesus: ... Fussball, eine Religion?

Barkeeper: Eine Weltreligion!

Jesus: Wo sollte denn im Fussball ein Gott sein?

Barkeeper: Moment, bin gleich wieder bei euch.

Mohammed: Du, der spinnt doch!

Jesus: Ich weiss nicht so recht.

Barkeeper: Gleich ist Anpfiff. Dort im Mittelkreis liegt er, der Gott des Fussballs. Ohne ihn geht gar nichts.

Mohammed: Ach was, eine Kugel aus synthetischem Material. Alles Weitere ist Blöd-sinn.

Jesus: Glaubst du wirklich, die Leute hier sind derart aus dem Häuschen nur wegen eines Blödsinns?

Barkeeper: Wo ist deine Neugier geblieben, Prophet? Du kommst mir vor wie ein bein-harter Verteidiger deines weltanschaulichen Lebensraums.

Jesus: Vielleicht ist ja an diesem Fussball mehr dran als wir beide sehen, Mohammed.

Barkeeper: In seiner runden Form zieht der Ball menschliche Sehnsüchte nach Voll-kommenheit auf sich. Die Menschen streben nach Ganzheit. Das solltet ihr doch wissen.

Jesus: Sprich weiter!

Barkeeper: Hinter der vollkommenen Form des Balls erahnen die Fans das, was ihr beide Gott nennt. Und der rollende Ball hält das Verlangen nach Vollkommenheit stets von Neuem in Bewegung.

Mohammed: So ein Ball ist doch von Menschenhand hergestellt. Also ist er weit davon entfernt, sich mit dem Allmächtigen unserer monotheistischen Religionen zu messen.

Barkeeper: Ach ja?

Mohammed: Wie, ach ja?

Barkeeper: Dein Berufskollege Jesus selber hat bei anderer Gelegenheit an dieser Theke erklärt, er halte es für möglich, dass auch Juden, Christen oder Moslems mit ihrem Ver-stand ...

Jesus: ... Ich erinnere mich ... und jetzt wage ich es selber nicht mehr auszusprechen.

Barkeeper: Dass die Menschen mit ihrem Verstand Gott erfunden haben, quasi herge-stellt haben könnten, wie einen Ball.

Jesus: Die bekannte These von Feuerbach, Marx und Freud.

Barkeeper: Die einen feiern ihren Gottesdienst beim Freitagsgebet oder am Sabbat in der Synagoge, andere am Sonntagmorgen in einer christlichen Kirche.

Jesus: Es gibt auch Menschen, die versichern, ihr Verweilen und Meditieren in der Natur komme einem Gottesdienst gleich.

Barkeeper: Der Fussball vermag sogar zwei verschiedene Konfessionen meist friedlich in ein und demselben Stadion zu vereinen.

Mohammed: Jetzt fehlt nur noch, dass du dieses Stadion ...

Jesus: ... das Camp Nou in Barcelona ...

Mohammed: ... eine Kathedrale nennst.

Barkeeper: Nennst du einen Menschen einen Spinner, der seine Religion im Fussball findet?

Mohammed: Ja, ganz klar!

Jesus: Kann es sein, dass beispielsweise in Rom an einem gewöhnlichen Wochenende mehr Menschen ins Stadio Olimpico zu einem Spiel von Lazio Roma oder der AS Roma pilgern als in alle christlichen Kirchen der ewigen Stadt zusammen?

Mohammed: Ich kann es nicht fassen, Fussball soll einem Menschen Lebenssinn vermitteln!

Barkeeper: Was willst du machen? Für die Fans ist es so. Das ist ihr Empfinden. Mit welchem Recht willst du ihnen weismachen, ihre Gefühle seien unecht?

Jesus: Schau dir doch Europa an. Geh in die Gottesdienste, die man sonntags in meinem Namen feiert. Du findest halbleere Kirchen, oft nur noch eine kleine Gruppe von Gläubigen, die sich im weiten Kirchenschiff verliert, und aus einigem Abstand spricht ein Pfarrer in unverständlichen Worten auf sie ein.

Mohammed: Zugegeben, die meisten Moscheen sind auch nicht voller, es sei denn ein Hassprediger peitsche die Anhänger Allahs zum Kampf gegen die Ungläubigen.

Jesus: Vor allem in der westlichen Welt sind viele Menschen komplett überfordert von einer in rasantem Tempo vorwärtsstürmenden Gesellschaft. Ständig neue Techniken im alltäglichen Leben. Alarmierende Tendenz zur Individualisierung. Zunehmende Entfremdung und Einsamkeit. Unsichere Finanz- und Wirtschaftsentwicklung.

Mohammed: Ich weiss, es ist deprimierend.

Jesus: Aber mir scheint, der Fussball sei bestens in der Lage, die Menschen zu trösten, effizienter als die herkömmlichen Religionen.

Mohammed: Siehst du, in diese Überforderungen der Menschen hinein stösst der Fussball mit seinem simplen Überlebensangebot, frei nach dem Motto der altrömischen Kaiser: «Panem et circenses», Brot und Spiele.

Jesus: Offensichtlich sind wir Religiösen nicht mehr imstande, den Menschen genügend Brot zu schenken und ihnen zu zeigen, wie das Leben ein faszinierendes Spiel sein kann.

Mohammed: Nein, Jesus, ich bin nicht bereit, dem Fussball eine derart grosse Bedeutung einzuräumen.

Jesus: Du machst es dir zu einfach. Ich denke vielmehr, der Fussball funktioniert ähnlich wie eine Naturreligion.

Mohammed: Das wird ja immer grotesker! Glaubst du, ich habe im 7. Jahrhundert mit aller Kraft viele Wüstenbewohner überzeugen können, zugunsten des einen und einzigen Gottes Allah ihre Naturgottheiten fahren zulassen, nur um von dir nun den Fussball als eine späte Form dieser Naturreligionen erklärt zu bekommen.

Jesus: Versuche es so zu sehen: Naturreligiöse Menschen haben etwa eine Quelle verehrt. Die Quelle entspricht dem Ball im heutigen Fussballspiel. Hinter der Quelle verehrten diese Urvölker aber den Quellen-Gott. Entsprechend ...

Mohammed: ... vermuten die Fussballfans hinter ihrem Ball eine Gottheit. Ich kann schon logisch denken. Dennoch ist es Humbug. Ich erkenne im Fussball allerhöchstens eine Ersatzreligion. Mehr niemals.

Jesus: Pass auf, dass ich dich mit meinem Argument nicht aufs Kreuz lege.

Mohammed: Ausgerechnet du und aufs Kreuz!

Jesus: Jetzt ertrage ich keinen Spass. Was ist denn eine Ersatzreligion?

Mohammed: Alles, was Menschen in ungebührender Weise verehren, als ob es Gott wäre, das Geld, überhaupt Materielles, auch Ideen.

Jesus: Einverstanden. All das, was die Menschen selber herstellen und dann anbeten ...

Mohammed: ... So wie die Leute in Mekka ihre Gottheiten.

Jesus: Jetzt aber kommt der Knackpunkt. Wenn etwa Ludwig Feuerbach recht hat, wenn er meint: Die Menschen haben Gott mit ihrem Verstand geschaffen, dann ...

Barkeeper: ... sind Judentum, Christentum und Islam prompt Ersatzreligionen. Toller intellektueller Schachzug, Jesus!

Mohammed: Misch du dich da gar nicht erst ein!

Barkeeper: Jetzt plötzlich, da es für dich eng wird.

Mohammed: Ich verstehe nicht, es müsste doch auch für Jesus eng werden.

Jesus: Schon, aber du darfst deinen Verstand nicht plötzlich einfrieren. Ich gebe noch einen drauf.

Barkeeper: Hier gehts ja zu wie beim Spiel in Barcelona: Angriff und Verteidigung.

Jesus: Wir wollen uns darüber verständigen, ob der Fussball eine Religion ist. Wir können diese Frage erst klären ...

Mohammed: ..., wenn wir uns einigen, was wir unter Religion verstehen.

Barkeeper: Toooooooooooor! Messi! Habt ihr das gesehen? Ansatzlos mit dem Fuss ins Lattenkreuz.

Mohammed: Lattenkreuz. Wenigstens ein Hauch von Religion.

Barkeeper: Ein Teufelskerl, dieser Messi!

Jesus: Ich lache mich krumm, schon wieder ein religiös gefärbter Ausdruck.

Mohammed: Wie ist denn der Spielstand?

Barkeeper: 2:0 für Barcelona. Und wie stehs bei euch zwischen Judentum / Christentum verstärkt gegen den Islam?

Mohammed: Wir kämpfen nicht gegeneinander, sondern miteinander.

Barkeeper: Könnt ihr euch wenigstens über das Terrain einigen, auf dem ihr beide spielt? Ich meine: Wisst ihr jetzt, was ihr unter Religion versteht?

Mohammed: Für mich ist es der Glaube an Allah.

Barkeeper: Schon sitzt du in der Falle.

Mohammed: Wie sollte ich?

Barkeeper: Ich bin grosszügig. Du meinst den Glauben an ein absolutes Wesen?

Mohammed: Meinetwegen.

Barkeeper: Dann ist die Weltreligion Buddhismus gemäss deiner Definition bereits keine Religion.

Jesus: Ich habe beim Sozialphilosophen Erich Fromm einen hilfreichen Vorschlag gelesen. Er sagt, Religion sei das, was einem Menschen eine letzte Orientierung und ein Objekt der Hingabe bietet.

Barkeeper: Fantastisch, dieser Fromm. Und prompt trägt er zu unserem Thema auch noch den richtigen Namen.

Jesus: Nun schaue dir mit der Definition von Fromm die Menschen in dieser Bar, die Fans in Barcelona und die Fussballbegeisterten in aller Welt an. Ich habe überhaupt kein Problem, den Fussball als eine Form von Religion zu sehen.

Mohammed: Mich stimmt es traurig. Das Christentum und der Islam scheinen nur noch als Lieferanten negativer Ereignisse interessant zu sein. Die Katholiken haben mit ihrem jeweiligen Papst eine Reizfigur in Rom. Der Islam verbreitet in seiner verzerrten, islamistischen Form Angst und Schrecken.

Jesus: Ich beneide den Fussball. Seine Botschaft ist so einfach, seine Rituale sind offensichtlich gefragt und attraktiv.

Barkeeper: Schaut euch diesen Messi an!

Mohammed: Was haben wir davon?

Barkeeper: Schaut einfach neidlos hin. Seht ihr, wie er den Ball liebevoll streichelt, fast zärtlich.

Mohammed: Ein wunderbares Bild! Es geht mir zwar kaum über die Lippen, aber wenn der Ball stellvertretend für Gott steht, dann streichelt dieser grandiose Fussballer den lieben Gott.

Jesus: Mir fällt noch etwas auf. Auch den brillantesten Fussballspielern aller Zeiten gelingt es nicht, den Ball endgültig zu beherrschen. Pele brachte es nicht fertig, Maradona konnte es auch nicht, und Messi wird auch daran scheitern.

Barkeeper: Das ist vielleicht eine der grossen Sehnsüchte, die der Fussball nährt, den Ball für immer beherrschen zu können.

Mohammed: Gott zu beherrschen? Dann wäre er nicht mehr Gott, wenn der Mensch in der Lage wäre, ihn zu beherrschen.

Jesus: Viel tiefsinniger. Nicht über Ball und Gott zu herrschen. Aber mit ihnen zu verschmelzen?

Mohammed: Der Fussball-Gottesdienst in Barcelona scheint beendet.

Barkeeper: Endstand: 2:1 für Barcelona.

Mohammed: Die einen sind nun traurig, die anderen jubeln.

Jesus: Das ist es ja, was in unseren Kirchen und Moscheen fehlt: Die Emotionen.

Mohammed: Wenn wir schon beim Spiel sind – wie steht es eigentlich um eure Wette?

Jesus: Da musst du schon unseren diskreten Herrn Barman hinter der Theke fragen. Der dürfte sich blitzartig in einem Wechselbad der Gefühle wiederfinden. Nach dem Sieg seines Lieblingsclubs Barcelona...

Mohammed: ... Seine Miene verrät jedenfalls einige Verzweiflung.

Barkeeper: Ganze zwei Leute habe ich gefunden.

Jesus: Du tust mir ja schon fast leid, Barman.

Barkeeper: Nicole, 38-jährig, Designerin, sass ab und an hier an der Bar, nicht eben gerade der Typ Model, aber mit recht viel Grips in der Birne, eine überzeugte Atheistin. Ich traf sie nach längerer Zeit vor Kurzem wieder auf der Strasse, erkannte sie nicht, bis sie mich freundlich grüsste und verlegen lächelte.

Mohammed: Mach es nicht so spannend.

Barkeeper: Für dich fällt gleich was ab, Prophet. Die Frau trug doch tatsächlich einen Tschador. Sie war in Begleitung eines Mannes aus dem Iran. Ich war perplex. Nicole sagte kein Wort. Dafür redete ihr Mann Klartext.

Jesus: Gratuliere, Mohammed, eine neu gewonnene Schiitin für dich.

Barkeeper: Stolz erzählte der Iraner, Nicole sei aus lauter Liebe zu ihm Muslima geworden und heisse fortan Shirin.

Jesus: Und der zweite Fall?

Barkeeper: Eine eingefleischte Atheistin...

Jesus: ... schon wieder eine Frau! Zufall?

Mohammed: Die Frauen sind anfälliger.

Jesus: Wofür?

Mohammed: Sie lassen sich viel leichter durch Äusserlichkeiten blenden...

Jesus: ... oder zeigen sich im Gegensatz zu uns Männern feinfühliger für die Entwicklung der eigenen Lebensgeschichte.

Barkeeper: Ioanna. Sie ist 28, arbeitet sehr erfolgreich als Physiotherapeutin, die Männer fliegen ihr nur so zu, sie lebt aber in einer festen Beziehung, ist treu. Neulich reiste sie nach Brasilien, kam dort in den Favelas von Rio de Janeiro mit einem Pfarrer in Kontakt, der sein Leben mit diesen Menschen in ärmsten Verhältnissen teilt ...

Jesus: ... war so begeistert von diesem Gottesmann ...

Barkeeper: ..., dass sie beschloss, Christin zu werden.

Mohammed: Allah sei Dank! Wenigstens zwei Menschen, die nicht der Religion Fussball verfielen.

8. Szene Schwierigkeiten mit der anderen Religion

Mohammed: Entdeckte ich doch kürzlich ein riesiges Graffiti an einer Kirchenmauer. Ich war fasziniert von der kunstvollen Darstellung des Sprayers. Was da aber zu lesen war, schockiert mich noch jetzt. Fragt dieser freche Anonymus: «Lebst du schon oder glaubst du noch?»

Jesus: Da haben wirs! Waren wir beide nicht eben in depressiver Stimmung und fragten nach dem, was wir den heutigen Menschen bieten können?

Mohammed: Der Spruch an der Kirchenmauer liest sich wie ein Beerdigungstext über unseren christlichen und muslimischen Glauben. Im Klartext verkündet der Sprayer: Legst du deinen kindischen Glauben ab, wirst du endlich leben!

Jesus: Nicht abwehren, Mohammed. Nehmen wir die Herausforderung an.

Mohammed: Es ist zum Verzweifeln! Glauben und leben gehören doch eng zusammen.

Barkeeper: Das checken die Leute schon lange nicht mehr.

Jesus: Schau dir doch den Papst an, der eben abgedankt hat. Dass er glaubt, bezweifelt niemand. Aber lebt er auch?

Barkeeper: Mir kommt er vor wie ein Zombie oder ein lebloser Roboter.

Jesus: Die muslimischen Fundamentalisten versammeln sich zum Freitagsgebet, lauschen in frommer Verzückung den Worten des Imams, verlassen die Moschee und schütten all ihren Hass über die Ungläubigen aus. Glaubst du, das ist Leben?

Barkeeper: Sie glauben und töten gleichzeitig.

Jesus: So verstehe ich, dass unzählige Menschen zur Auffassung gelangen, Glaube und Religion seien zu überwinden, erst dann könne man vernünftig leben.

Barkeeper: Ich habe nicht von ungefähr alle erdenkliche Mühe, meine Wette einzulösen. Wer wird als Erwachsener schon freiwillig Christ oder Moslem?

Mohammed: Erscheint denn unsere Religion nur noch in verzerrter Form bei den Menschen?

Barkeeper: Klar! Als kraftloses, weltabgewandtes Gesäusel, als aggressive Dampfwalze oder als rechthaberische Ideologie.

Jesus: Was ist Glaube?

Mohammed: Wenn ein Mensch damit rechnet, dass Allah existiert, obwohl er ihn weder sieht noch hört noch berühren kann.

Jesus: Und alle Menschen, die das nicht können, sind Ungläubige?

Mohammed: Ihnen fehlt der Glaube.

Barkeeper: Dann sage ich: Ich glaube, das Wetter schlägt morgen um. Und?

Mohammed: Ziehe so etwas Kostbares wie den Glauben nicht ins Lächerliche, Barman.

Barkeeper: Du hast doch gehört: Ich glaube! Alle Menschen glauben, jeder auf seine Weise. Ich glaube an meine eigenen Stärken und Fähigkeiten, aber auch an Menschen, die mir vertraut sind.

Mohammed: Was ist mit dem Glauben an Gott?

Jesus: Ich bin Realist. Immer mehr Leute sagen sich: Was haben wir von einem angeblichen Gott in irgendeiner anderen Welt, dessen Existenz unsicher ist? Also wenden sie sich von Christentum und Islam ab, überlassen das Feld den Frommen und Konservativen, schliessen sich einer politischen Ideologie an ...

Barkeeper: ... Stellen ihren ganz persönlichen Glaubens-Cocktail zusammen, ein bisschen Buddhismus, eine Prise Esoterik, garniert mit ein paar Restposten aus der christlichen Tradition ...

Mohammed: ... fliehen in die virtuelle Welt des Internets oder vereinsamen.

Jesus: Glaube ist ein Verb.

Mohammed: Bloss ein Tätigkeitswort?

Jesus: Angenommen, du wirst am Arbeitsplatz gemobbt. Was willst du lieber? Einen Menschen, der mit dir betet und Allah bittet, das Mobbing zu beenden? Oder jemanden, der dir mit all seinem Engagement zur Seite steht, dich vom Mobbing zu befreien?

Mohammed: Beide Verhaltensweisen sind wertvoll. Ich ziehe aber die Bitte an Allah vor. Befreiung ohne Allahs Hilfe ist lupenreiner atheistischer Humanismus.

Jesus: Es könnte ja sein, dass Allah genau dies wünscht.

Mohammed: Du widersprichst dir. Ein atheistischer Humanist kommt vollständig ohne Gott aus, also wünscht er sich seinen Beistand gar nicht.

Jesus: Es reizt mich, den Spruch umzudrehen und an die Wand einer Moschee die Frage zu sprayen: «Glaubst du schon oder lebst du noch?»

Barkeeper: Achtung, Jesus im Angriff!

Mohammed: Oder auch komplett durchgeknallt!

Jesus: Du selber hast betont, Glaube und Leben gehörten eng zusammen.

Mohammed: Aber doch nicht so! Das tönt ja, als ob ein Mensch sein Leben hinter sich lassen müsste, um sich endlich dem Glauben zuzuwenden. Wie wenn der Glaube nicht auch Leben wäre.

Barkeeper: Da höre ich oft das Gegenteil. «Der Pfarrer verweigert mir die Hostie noch heute, weil ich geschieden bin und wieder geheiratet habe», rief hier ein 60-Jähriger aus. Dieser Mann will sein Leben nicht einer Glaubensdoktrin opfern.

Jesus: Das gibt es schon, diesen verrückten Gedanken «Glaube ist besser als Leben». Aber um welche Art Glaube geht es da und um was für ein Leben? Ein Mensch verliert seine Arbeit, die Beziehung zerbricht, Freunde verabschieden sich, er verfällt dem Alkohol. Solche Menschen sind eine willkommene Beute für religiöse Fundamentalisten. Sie nehmen den Bedauernswerten mit ihrem Glaubensnetz gefangen. Dieses Schicksal will ich ihnen ersparen ...

Mohammed: ... mit seichtem Humanismus ohne Tiefgang, ohne Verankerung in Gott!

Jesus: Mit immanenter Transzendenz!

Mohammed: Du bist doch ein Mann des einfachen Volkes! Also sprich, dass man dich versteht.

Barkeeper: Stopp! Google wirds gleich ausspucken.

Jesus: Nicht nötig, Barman, es gibt Leute, die tragen eine gewisse Bildung noch im eigenen Kopf. «Immanent» heisst «bezogen auf die diesseitige Welt und Gesellschaft»; mit «Transzendenz» ...

Mohammed: ... ist ein Überschreiten von Grenzen oder Hindernissen gemeint.

Barkeeper: Ich verneige mich vor der vereinigten christlich-muslimischen Intelligenz!

Jesus: Wer glaubt, der handelt. Er missachtet schikanierende Gesetze, deckt Tabus auf, widersteht Mächtigen ins Angesicht, reisst Mauern zwischen Menschen nieder, baut an der Errichtung einer freien Gesellschaft.

Mohammed: Das klingt nach Revolution.

Jesus: Ich möchte nicht, dass Menschen als willenlose Objekte irgendwelcher Umstände ihr Leben fristen müssen. Ich will Menschen ihrer Würde bewusst machen. Sie sollen aktive Subjekte ihres eigenen Handelns werden. Das ist in meinen Augen der Sinn des Glaubens.

Mohammed: Du sprichst wie ein Kommunist.

Jesus: Nenne mich Sozialist, Trotzkist, Marxist, Utopist oder Kommunist. Das sind Etiketten. Sie führen uns auf Abwege. Was mich viel mehr brennend interessiert, sind deine Ideen, wie du Menschen für den Islam oder das Christentum gewinnen willst.

Mohammed: Die Menschheit hat zwei wunderbare Perlen geschenkt bekommen, die Bibel und den Koran.

Jesus: Zweifellos! Was aber nützen diese Schriften, wenn sie die einen wortwörtlich nehmen und damit andere in die Flucht schlagen, weil sie nicht mit fixen Wahrheiten eingedeckt werden wollen, die ihnen keinen Handlungsspielraum mehr lassen ...

Mohammed: ... und wenn es wieder andere gibt, die weder dem Koran noch der Bibel je eine Chance geben, weil sie die beiden Werke schlicht niemals lesen ...

Jesus: ... und sich schliesslich eine dritte Gruppe gerne von der Weisheit der Heiligen Schrift überzeugen liesse, den Schlüssel zu deren Verständnis aber nicht finden.

Mohammed: Höre ich richtig? Du sprachst eben in der Einzahl?

Jesus: Ich spreche nur von der Bibel der Juden und der Christen.

Mohammed: Und was ist mit dem Koran? Ist er kein Heiliges Buch? Bleibt er ohne jede Weisheit?

Jesus: Behalte ruhig Blut, Mohammed. Greif mich nicht gleich an. Denk lieber nach und lass meine Frage zu: Was ist im Koran wirklich neu, was nicht schon in den Schriften der Juden und in der christlichen Bibel nachzulesen ist?

Barkeeper: Ich habe mir schon einige Mühe gegeben, im Koran zu lesen. Verzeih mir, Mohammed, ich verstehe nur Bahnhof.

Jesus: Die Heiligen Schriften der Juden und Christen waren dir bekannt. Ein Grossteil dieser Texte hat Eingang gefunden im Koran.

Mohammed: Das geschah nach meiner Zeit. Und deshalb ist er noch lange nicht bloss ein Sammelsurium jüdischer und christlicher Bibeltexte.

Jesus: Wer der Bibel und dem Koran nichts Heiliges abgewinnen kann, den lassen diese Texte kalt.

Barkeeper: Es gibt Leute, die sich über eure Bücher nerven.

Mohammed: Das gibt ihnen das Recht, den Koran zu verbrennen?

Jesus: Kümmert es dich auch nur einen Deut, wenn Menschen El Pais, die New York Times oder den Schweizer Tages Anzeiger verbrennen?

Mohammed: Jesus, ich bitte dich!

Barkeeper: Ist der Koran heilig?

Mohammed: Allah allein ist heilig. Einer seiner 99 Namen lautet «Al-Quddus», der Heilige. Aber weil der Koran identisch ist mit Allah, ist auch der Koran heilig.

Jesus: Für mich ist all das heilig, was für einen Menschen lebenswichtig ist und darum unter absoluten Schutz gestellt werden muss.

Barkeeper: Mein Auto also oder mein Bankkonto.

Mohammed: Siehst du, Jesus, das hast du von deiner komischen Definition.

Jesus: Für zahlreiche Menschen ist weder die Bibel noch der Koran lebenswichtig. Sie brauchen entsprechend auch nicht geschützt zu werden. Weil die Menschen die wertvollen Lebensimpulse dieser Schriften schlicht nicht verstehen, behandeln sie sie wie irgendeine Tageszeitung.

Mohammed: Oder Feinde des Islam verbrennen den Koran, weil sie uns hassen ...

Jesus: ... verulken dich als Prophet mit bissigen Karikaturen ...

Mohammed: ... verbieten in der Schweiz die Errichtung von Minaretten ...

Jesus: ... rufen als tiefgläubige Moslems auf zum Dschihad gegen alle Ungläubigen ...

Barkeeper: ... und hetzen mit Todesurteilen auf zum Mord an Leuten, die angeblich den Islam beleidigen.

Mohammed: Diese Fatwas schaffen nur Aggressionen. Kein noch so bedeutender Religionsführer hat das Recht, sich mit Todesurteilen auf Allah zu berufen.

Jesus: Ich bin froh, redest du so deutlich, Prophet.

Mohammed: Zugegeben, ich verübte von Medina aus einige scharfe Razzien auf Karawanen aus Mekka, haben mich doch die Führenden meiner Vaterstadt mit Schimpf und Schande davongejagt.

Jesus: Prompt berufen sich heute die Islamisten auf deine militärischen Kämpfe gegen die Polytheisten von Mekka und legitimieren damit ihren Hass gegen alle, die nicht zu Allah gehören.

Barkeeper: Macht euch nichts vor, ihr Friedensapostel. Gewalt gehört zum Menschen, seit es ihn gibt. Da werdet auch ihr nichts ausrichten können.

Mohammed: Bis auf den heutigen Tag sind Menschen sehr schnell bereit, Gewaltausübung den Religionen in die Schuhe zu schieben. Das ist mir zu billig.

Jesus: Mir stehen die Haare zu Berge, Mohammed, wenn ich gewisse Texte unserer jüdischen Bibel lese. Im 5. Buch Mose lese ich, Gott habe dem Führer des israelitischen Volkes erlaubt, alle Männer einer belagerten Stadt mit dem Schwert niederzumetzeln, wenn sie sich den Israeliten und ihrem Gott verweigern.

Mohammed: In Sure 9, Vers 5 steht: «Wenn die heiligen Monate abgelaufen sind, dann tötet die Polytheisten, wo immer ihr sie findet, greift sie, belagert sie und lauert ihnen auf jedem Weg auf.»

Jesus: Gottlos und grausam, alle beiden so genannten heiligen Texte.

Mohammed: Glaube mir, Jesus, ich habe nicht die leiseste Ahnung, wie derart abscheuliche Worte ihren Weg in den Koran gefunden haben. Ich schäme mich dafür. Solche Worte habe ich niemals von Allah vernommen.

Jesus: Aber sie wirken sich bis auf den heutigen Tag verheerend aus. Juden und Moslems berufen sich auf sie und schlagen im Nahen Osten aufeinander ein.

Mohammed: Beide Religionsgemeinschaften behaupten, zuerst im Land zwischen Mittelmeer und Jordan gesiedelt zu haben. Die Juden berufen sich auf ihren Jahwe, der ihnen verkündet haben soll: «Nehmt das Land in Besitz und wohnt darin; denn euch habe ich das Land verliehen, dass ihr es besitzen sollt.»

Jesus: So nachzulesen im 33. Kapitel des 4. Buches Mose. – Du aber, Prophet Allahs, seiest mit deinem Reittier Buraq nach Jerusalem geritten, habest dort von Allah den Auftrag bekommen, als Vorsteher ein Gebet zu leiten, an dem Abraham, Mose, Jesaja und auch ich teilgenommen haben sollen. Dann seiest du vom Tempelberg in den Himmel aufgefahren

Mohammed: Das sind doch Legenden.

Jesus: Natürlich. Ich weiss ja auch nichts von einem solchen Gebetstreffen. Aber diese Legenden haben eine folgenreiche Realität geschaffen. Unter deinen strenggläubigen Anhängern geistert die Meinung herum, der Boden, worauf ein Moslem seinen Fuss setze, gehöre für immer dem Islam. Und seit dieser ominösen Gebetszene pochen gewisse Moslems auf den Besitz Jerusalems und auf den absoluten Vorrang des Islam vor allen anderen Religionen.

Mohammed: Der Streit zwischen Juden und Moslems um das Land Israel geht noch weiter zurück.

Jesus: Auf die verzwickte Geschichte unseres gemeinsamen Stammvaters Abraham und seine beiden Söhne.

Mohammed: Abraham zeugte mit seiner Magd Hagar endlich einen langersehnten Nachkommen, Ismael, seinen erstgeborenen Sohn. Mit ihm zusammen soll er die Kaaba in Mekka gebaut haben. Man sagt, ich soll in direkter Linie auf Ismaels zweiten Sohn Kedar zurückgehen.

Jesus: In den Augen schrifttreuer Juden schaut die Geschichte anders aus. Sie sind überzeugt, Gott habe für Ismael das Schicksal des Ausgestossenen bestimmt, der für alle Zeiten in der Fremde leben muss, während vor dem Angesicht des Allmächtigen Isaak als Gottes und Abrahams Lieblingssohn gilt.

Mohammed: Wo ist eigentlich unser Barman?

Jesus: Schau, dort hinten in seinem kleinen Büro sitzt er, vor seinem bevorzugten Spielzeug.

Barkeeper: Ich google «Dschihad» und «Heiliger Krieg».

Jesus: Was hast du rausgekriegt?

Barkeeper: Ich schnalle es nicht. Das ist grausam verwirrend. Da steht eine ganze Menge zu diesen Themen. Ist mir zu viel.

Jesus: Nur schon der Begriff «Heiliger Krieg» ist komplett unmöglich, etwa so wie ein viereckiger Kreis. Ein solcher Krieg ist nicht einmal dann erlaubt, wenn damit etwas Gutes beabsichtigt ist.

Barkeeper: Der Zweck heiligt die Mittel?

Jesus: Ich kann mir Situationen vorstellen, wo dieser Spruch berechtigt ist, wenn etwa jemand zu einer Notlüge greift, um ein Leben zu retten. Krieg ist aber nie ein heiliges Mittel.

Mohammed: Kein Mensch darf die Religion missbrauchen und mit physischer Gewalt seine Ziele durchsetzen.

Jesus: Das ist der militante Dschihad, die kriegerische Eroberung neuer Territorien für den Islam oder die Bekämpfung Ungläubiger mit Waffengewalt.

Mohammed: Dieser Dschihad kann sich nicht auf mich berufen und darf auch nicht mit der Unterstützung Allahs rechnen.

Barkeeper: Gibt es noch einen anderen Dschihad?

Mohammed: Dschihad bezeichnet eine ganz andere Kraft, eine positive Gewalt. Dieser Begriff meint, gläubige Moslems sollen sich für Allah anstrengen.

Barkeeper: Sie sollen einen Kampf mit sich selbst führen?

Mohammed: Mit den eigenen Unzulänglichkeiten, mit den vielerlei Versuchungen, etwa Macht auszuüben oder die Menschen mit unlauteren Tricks zu blenden.

Jesus: Ich könnte dazu abendfüllend über meine Zeit in der Abgeschiedenheit der Wüste erzählen …

Mohammed: … als plötzlich der Teufel hinter einer Sanddüne auftauchte und sich bei dir einzuschleimen versuchte.

Jesus: Es war schon eine schier teuflische Erfahrung, wie mich die Versuchung plagte, als selbst ernannter politischer Messias mein Volk vom Joch der Römer zu befreien.

Barkeeper: Der Teufel stand nicht real vor dir?

Jesus: Nein. Ich sagte es eben: Was mir während der einsamen Tage in der Wüste widerfuhr, nahm teuflische Dimensionen an.

Barkeeper: Ich verstehe nicht ganz.

Jesus: Der Teufel wird auch Diabolus genannt. Dahinter versteckt sich das griechische Wort «diaballein». Das heisst durcheinanderwerfen.

Barkeeper: Du warst in der Wüste bei deinem Einsamkeitstrip komplett durch den Wind?

Jesus: Und wie! Es stiegen Gefühle in mir hoch, die ich bis anhin nicht kannte, Aggressionen, Grössenwahn, Machtgelüste, Depressionen. Dies alles wirbelte mich tagelang durcheinander.

Mohammed: Und diese Erfahrungen nennst du teuflisch. Aber an Satan als reale Gestalt glaubst du nicht?

Jesus: Ich weiss zwar, dass deine Anhänger Iblis, den Satan, während der Wallfahrt ausserhalb Mekkas mit Steinen bewerfen und also mit seiner wirklichen Existenz rechnen. Bei allem Respekt, wenn dieser symbolischen Geste kein qualifizierter Umgang mit dem Bösen, also auch mit der Gewalt folgt, ist dieses Ritual bloss Schall und Rauch.

Mohammed: Ich bin nicht Psychologe.

Jesus: Musst du auch nicht sein. Mir scheint aber schon wertvoll zu sein, wenn die Psychologen davon ausgehen, ein Mensch könne in der Aussenwelt nur friedliche Verhältnisse gestalten, wenn er in seinem Inneren Frieden geschaffen hat.

Barkeeper: Darum hast du dich lange Zeit in der Wüste aufgehalten.

Jesus: Mit ganz grossem Gewinn! Erst nach der Verarbeitung dieser diabolischen Kräfte konnte ich den Menschen helfend zur Seite stehen.

Mohammed: Vergessen wir nicht, es gibt auch psychische Gewaltanwendung.

Jesus: Mit den Zwangstaufen indigener Völker wollten die Konquistadoren des Abendlandes den Einwohnern der Neuen Welt die einzig wahre katholische Doktrin aufzwingen.

Barkeeper: Übrigens, zu eurer Ehrenrettung: Gewalt kommt nicht nur aus religiösem Fanatismus, wie antireligiöse Leute gerne genüsslich daherpalavern.

Mohammed: Globale Katastrophen gehen nicht selten auch von politischen Ideologien aus, die den Religionen feindlich gesinnt sind. Ich denke an die verwerflichen Taten von Stalinismus und Nationalsozialismus oder an die Terrorregimes von Mao und Kim il Sung.

Jesus: Allen diesen religiös oder politisch motivierten Schreckensherrschaften ist eine urmenschliche Eigenschaft komplett abhandengekommen. Sie haben jegliche Fähigkeit zum Mitgefühl verloren.

Mohammed: Die Menschheit besitzt zu Beginn des 21. Jahrhunderts ein schier unglaubliches technisches Wissen ...

Jesus: ... und hochdifferenzierte Kommunikationsmittel ...

Mohammed: ... aber den Schlüssel zur friedlichen Lösung ihrer schwerwiegenden Konflikte wie Armut, Zukunftsangst oder den Umgang mit der Natur findet sie nicht mehr.

Jesus: Er liegt in der Fähigkeit zum Mitgefühl.

Mohammed: «Keiner von euch ist gläubig, bis er für seine Brüder wünscht, was er für sich selbst wünscht», verkündete der Imam an-Nawawi im 13. Jahrhundert, und ich stimme ihm vorbehaltlos zu.

Jesus: Die weltberühmte «Goldene Regel» – bis auf einen nicht unwesentlichen Schönheitsfehler ...

Mohammed: ... du findest immer wieder ein Haar in der Suppe ...

Jesus: ... die Rede ist bloss von Brüdern; wo bleiben die Schwestern, immerhin die Hälfte der Menschheit?

Mohammed: Die Goldene Regel steht auch in deiner jüdischen Tradition. Wetten, dass dort auch nur von Männern die Rede ist!

Jesus: Vergebens gehofft, Prophet! Unser Rabbi Hillel, den meine Eltern kannten, wandte sich, klug wie er war, nicht bloss an Männer, als er erklärte: «Was du nicht willst, dass man dir tu, das füge auch keinem anderen zu.»

Mohammed: Ich habe mich gern getäuscht!

Jesus: Das ist eine Seite an dir, die ich überaus schätze. Du kannst gelassen etwas annehmen, wenn die Argumente dich überzeugen.

Barkeeper: Und alle haben sich ach so lieb!

Mohammed: Deine süffisante Bemerkung finde ich deplatziert, Barman. Jesus und ich fetzen uns genug. Wir gehen ehrlich miteinander um.

Barkeeper: Und ohne die geringste oder auch nur versteckteste Gewalt. Das sehe ich sehr wohl.

Mohammed: Ihr wisst um die erdumspannende Verbreitung der «Goldenen Regel». In aller Bescheidenheit: Sie ist keine Erfindung der Juden oder der Moslems. Konfuzius lehrte sie schon. Hindus und Buddhisten kennen sie. Die Christen haben sie übernommen.

Jesus: Der Philosoph Erich Fromm nennt sie «Kern des Humanismus».

Mohammed: Sogar der griechische Gelehrte Tales von Milet gelangte ganze 600 Jahre vor mir zur Erkenntnis: «Wir sollen das, was wir an andern tadeln, nicht selbst tun.»

Jesus: Ich staune immer wieder über dein enormes Wissen, mein lieber Mohammed!

Barkeeper: Genug der Schmeicheleien! Schaut euch die Schweiz an und ihr steht wieder mitten in der Realität.

Jesus: Was willst du damit sagen, Barman?

Barkeeper: Über 8 Millionen Einwohner, bald jeder Vierte in der Schweiz ist ein Ausländer, die Verunsicherung nimmt zu, die Linken winken jeden ins Land, die Rechten wollen die Zuwanderung drastisch stoppen, die Mitteparteien versuchen Kompromisse.

Mohammed: Meinen Anhängern weht ein rauer Wind entgegen. Eine Mehrheit will keine Minarette. Plötzlich werden wieder christliche Werte beschworen. Sollen damit Menschen ausgegrenzt werden?

Barkeeper: Überall, wohin ich nur schaue, blicke ich in fremde Gesichter. Ehrlich…

Jesus: Der lockere Barman als Fremdenhasser!

Barkeeper: Manchmal beschleicht mich schon die Angst, die Schweiz könnte ihre Identität verlieren.

Mohammed und Jesus: Hinter jedem fremden Gesicht steht ein Mensch…

Mohammed: ... mit seinen eigenen Ängsten, Freuden und Hoffnungen. Und längst nicht jeder Fremde ist ein Moslem, der der Eidgenossenschaft das Kreuz von der Fahne reissen will.

Barkeeper: Sorry, ich lege meine Gefühle offen auf den Tisch.

Jesus: Meine Vorfahren, die Israeliten, haben in Ägypten am eigenen Leib erfahren, was es heisst, fremd und unerwünscht zu sein.

Barkeeper: Hör mir doch auf mit diesen alten Geschichten!

Jesus: Diese Erfahrung sitzt tief in der Seele meines Volkes, bis auf den heutigen Tag. Sie öffnet immer wieder unser Herz gegenüber Menschen, die dasselbe Schicksal erdulden müssen.

Barkeeper: Das ist naive Nächstenliebe. Sie führt im Fall der Migrationsproblematik in der Schweiz auf dem direkten Weg zu Aggressionen in der Bevölkerung.

Mohammed: Ich kann verstehen, dass bei dieser demographischen Entwicklung ein hoch aufragendes Minarett zum Symbol für gewisse Ängste werden kann.

Barkeeper: Ich habe übrigens nichts gegen Muslime, Prophet. Auch nichts gegen Menschen, die nachweislich in ihrer Heimat mit dem Tod bedroht werden und hier um Asyl bitten. Mich ärgern nur jene Typen, die sich ellbögelnd bis in die Schweiz durchwursteln, um sich an unseren Fleischtöpfen vollzufressen.

Mohammed: Eine wirtschaftspolitische Frage.

Jesus: Nicht nur. Die Sache ist viel brisanter. Die Frage, die sich viele Menschen stellen, ist, wie viele Fremde erträgt die Schweiz? 20, 25, 30%? Eine schwierige Frage auch für Politiker und Beamte.

Barkeeper: Da, lies in der Zeitung. Taufrisch. Ein Sozialpsychologe schreibt: Wenn sich auf einem Quadratmeter mehr als sieben Personen aufhalten, kommt es zu Aggressionen. Der Transfer ist klar. Der Quadratmeter ist die Schweiz. Darauf stehen bereits acht Personen.

Mohammed: Vielleicht ist die Grenze erreicht. Die Schweiz hätte zunächst einmal alle Hände voll zu tun, jene Menschen, die bereits legal oder illegal im Lande sind, nachhaltig zu integrieren.

Barkeeper: Die Linken sind ja so was von blind. Sie merken nicht, dass sie das drohende Aggressionspotenzial im Land erst abbauen müssen.

Mohammed: Ich pflichte dir zu. Nimm das Beispiel EU: Die Chance eines Beitritts steigt erst wieder, wenn die Ängste der Schweizer vor den Fremden im eigenen Land abgebaut sind.

Barkeeper: Und die wirtschaftspolitische Seite, Jesus?

Jesus: Wir brauchen keine stetige Zunahme des materiellen Wachstums.

Mohammed: Zunehmen muss dringend die Qualität der Lebensverhältnisse, nicht deren Quantität.

Jesus: Das heisst auch, dass die Schweiz zu viele qualifizierte Arbeitskräfte absorbiert, die dringend in ihren Heimatländern gebraucht werden.

Mohammed: Wobei sie dort von den Industrienationen wirtschaftlich vollste Unterstützung bekommen müssten.

Barkeeper: Meine Herren, einmal mehr: Chapeau! Ihr steht mit beiden Beinen im Leben.

9. Szene: **Allahs Kinder in Europa**

Jesus: Mohammed, traust du dir zu, eine statistische Schätzung der Konfessionszugehörigkeit der Basler Bevölkerung vorzunehmen?

Mohammed: Ich kenne mich in Mekka und Medina aus. Selbst diese beiden Städte sind nicht der Nabel der Welt, aber Basel?

Jesus: Welche Religionsgemeinschaft scheint dir in dieser Stadt am stärksten zu sein?

Barkeeper: Wenn ich dazwischenfunken darf – ich bin Basler. Mein Tipp ist sonnenklar: Die Gemeinschaft der Fasnächtler! Oder vielleicht doch eher die gesamte Fangemeinde des FC Basel?

Jesus: Ich denke an die klassischen Religionen, Scherzkeks.

Mohammed: Die grösste Konfession in Basel-Stadt? Es wird kaum schon der Islam sein.

Jesus: «Schon», höre ich. Ganz schön vermessen, Mohammed. In ganz Europa dominiert das Christentum.

Mohammed: Noch stellt es die Mehrheitsreligion! Im traditionell katholischen Frankreich haben allerdings die praktizierenden Moslems die Katholiken, die ihren Glauben noch aktiv ausüben, überrundet.

Jesus: Und in Basel?

Mohammed: Ich tippe auf die Reformierten. Sie dürften in Basel-Stadt gegenwärtig noch immer die grösste Konfession sein.

Jesus: Falsch. Die grösste Gruppe, die sehr wohl mit Religion zu tun hat, sind die Konfessionslosen. Im Jahr 2011 bekennen ganze 36 Prozent, keiner Religionsgemeinschaft anzugehören.

Mohammed: Und die Moslems?

Jesus: Knapp 10 Prozent. 27 Prozent sind Reformiert und 25 Prozent geben an, katholisch zu sein.

Mohammed: Wie viele waren wir vor 20 Jahren in Basel-Stadt?

Jesus: 4 Prozent.

Mohammed: Siehst du, in nicht allzu ferner Zeit ist es vorbei mit der christlichen Leitkultur in der Schweiz und wohl auch in Europa.

Jesus: Das ist doch nicht dein Niveau, Mohammed! Du sprichst wie ein Islamist. Deine Gedanken gleichen den triumphalen Rechnereien eines Imperialisten.

Mohammed: Woher deine plötzliche Nervosität? Wirst du als Jude nun plötzlich zum Anwalt des Christentums? Dir bleibt nichts anderes übrig, als wohl oder übel zur Kenntnis zu nehmen, dass Europa des Christentums müde ist.

Jesus: Deine Augen glänzen.

Barkeeper: Der Islam erobert Europa in einer unheiligen Allianz mit den kirchenmüden Menschen!

Mohammed: Das ist primitive antimuslimische Stimmungsmache.

Barkeeper: Ich höre es immer wieder, auch von gescheiten Leuten: Die Heere Mohammeds drangen im 8. Jahrhundert schon in Frankreich ein. Später standen sie vor Wien. Jetzt aber nehmen sie sich Europa viel cleverer.

Mohammed: Barman, Barman, es gibt doch keine muslimischen Heere mehr.

Barkeeper: Bitte, ich sage nur, was ich dauernd höre: Deine Anhänger würden Europa mit hohen Geburtenraten überschwemmen.

Mohammed: Es kommen Menschen, und sie sind nicht Teil eines umgekehrten Kreuzzuges.

Jesus: Schauen wir nüchtern und genauer hin, was in der Gesellschaft Schweiz abläuft.

Barkeeper: Die christlichen Kirchen leeren sich.

Jesus: Und dies selbst an Ostern und Pfingsten.

Barkeeper: Die drängen dann alle durch den Gotthard nach Süden.

Jesus: Wer zu Hause bleibt, sucht Ostereier und besucht die Verwandten.

Mohammed: Wenn es hilft, kann ich euch beruhigen. Die Moslems, die schon lange im Land sind und sich assimiliert haben, gehören auch nicht zu den fleissigen Besuchern des Freitagsgebets.

Jesus: An Weihnachten sieht es nicht viel anders aus. Die germanische Wintersonnenwende steht den Menschen gefühlsmässig näher als meine Geburt in ferner Zeit.

Barkeeper: Sie besingen zwar deine Geburt in den süssesten Tönen. Konsequenzen für ihr Leben hat sie keine.

Jesus: Im Mittelpunkt steht der Kommerz. Schon Ende Oktober schlägt er gnadenlos zu. Die Auslagen in den Geschäften kurbeln die Wirtschaft an. Die Menschen halten die stillen und dunklen Tage der Adventszeit nur schlecht aus. Die christliche Leitkultur bröckelt bedrohlich.

Barkeeper: Was schaust du so listig aus der Wäsche, Mohammed?

Mohammed: Listig? Haltet euch lieber fest!

Barkeeper: Was hast du vor?

Mohammed: Wenn das Ende der christlichen Vorherrschaft in Europa und speziell auch in der Schweiz schon naht, schlage ich vor, Weihnachten, Ostern und Pfingsten konsequent abzuschaffen. Für unzählige Menschen sind diese Feiertage bloss eine willkommene Gelegenheit, ein paar Tage frei zu machen.

Jesus: Du hast wohl damit gerechnet, ich würde dir heftig widersprechen.

Mohammed: Du bist mit meinem Vorschlag einverstanden?

Jesus: Ich bin für eine ehrliche Lösung. Sollen jene die grossen christlichen Feste feiern, in deren Leben sie eine wirkliche Rolle spielen. Die andern sollen an Karfreitag, am Ostermontag, an Auffahrt und am Pfingstmontag arbeiten. Das ist in der Tat nichts anderes als konsequent.

Barkeeper: Moment, ganz schön easy! Ihr könnt doch nicht im Ernst altehrwürdige gesellschaftliche Traditionen einfach so fallenlassen.

Mohammed: Da bangt einer um ein paar freie Tage. Obwohl katholisch, sieht man dich an diesen Feiertagen nicht in einer Kirche.

Jesus: Die europäische Verfassung nimmt keinen Bezug zu Gott, jene der Schweizerischen Eidgenossenschaft kennt aber die Präambel: «Im Namen Gottes, des Allmächtigen».

Mohammed: Hat das Konsequenzen?

Jesus: Ich fürchte, diese Anrufung Gottes ist ein Feigenblatt. Der Bezug zu Gott gehört in keine Verfassung.

Mohammed: Das stiftet bloss Missverständnisse.

Jesus: Längst nicht alle Leute verstehen dasselbe unter dem Begriff «Gott». Es ist leicht, das Wort Gott in eine Verfassung hineinzuschreiben, viel schwieriger aber, Gott in den Gesetzen und im gelebten Alltag Raum zu geben.

Mohammed: Das schafft das Christentum in seiner aktuellen Erscheinung nicht mehr.

Jesus: Im Kleid der verbürgerlichten Kirchen gebe ich ihm keine Chance mehr. Aber freue dich nicht zu früh, mit dem Islam in ein Vakuum vorzustossen, Mohammed. Europa hat keine Lust auf einen missionarischen Islam!

Mohammed: Damit habe ich nichts zu tun.

Jesus: Aber Millionen von Menschen weltweit verbinden deinen Islam mit Terror.

Mohammed: Nochmals: Diese kriminellen Machenschaften sind ein höchst bedauerliches Zerrbild. Ich habe von Allah den Auftrag empfangen, den Menschen einen friedlichen Islam zu bringen, als eine hervorragende Möglichkeit der Lebensbewältigung.

Jesus: Warum freust du dich dann unverhohlen am Erstarken des Islams in Europa?

Mohammed: Nimm mich mit meiner grenzenlosen Freude am Erfolg des Islams. Damit sage ich nichts gegen das Christentum. Wir beide sind Konkurrenten, aber keine Gegner. Ich möchte das Christentum und den Islam überall auf der Welt in einem fröhlichen Wettstreit sehen. Die Menschen werden sich der überzeugenderen der beiden Religionen anschliessen. Und ich meine damit auch, wie sie den Menschen im Alltag hilfreich zur Seite stehen.

Jesus: Wie würdest denn du heute in der Schweiz auftreten?

Mohammed: Unsere Religion sieht nicht vor, dass ich als Prophet noch einmal auf die Erde zurückkomme.

Jesus: Angenommen, Allah schickte dich inkognito nochmals auf die Welt. Welcher Richtung würdest du beitreten, den Schiiten, den Sufis, den Sunniten, ...?

Mohammed: Keiner! Wohl stand mir mein Schwiegersohn Ali, der erste Imam der Schiiten, sehr nahe, genauso wie Abu Bakr, der erste rechtgeleitete Kalif und Vater meiner Frau Aischa. Dennoch wäre ich weder Sunnit noch Schiit, auch nicht Alevit oder Sufi. Ich würde mit allen muslimischen Gemeinden intensiven Kontakt pflegen.

Barkeeper: Auch mit dem Islamischen Zentralrat?

Mohammed: Natürlich!

Jesus: Dann würden dich die Dachverbände und Gemeinden meiden.

Mohammed: Ich könnte sehr wohl aus vollem Herzen bekennen: «Es gibt keinen Gott ausser Allah.» Mit dem zweiten Teil des Glaubensbekenntnisses hätte ich aber einige Mühe. Sollte ich weiter bekennen: «... und ich bin sein Prophet!»

Jesus: Man würde gleich wegen Beleidigung des Propheten das Todesurteil über dich fällen...

Mohammed: ... es sei denn, die Umma würde in mir tatsächlich den Propheten Mohammed aus dem 7. Jahrhundert erkennen...

Jesus: ... und dich auf der Stelle zwingen, dich für eine der historisch gewachsenen Glaubensrichtungen zu entscheiden.

Mohammed: Das wäre delikat.

Jesus: Dank deiner Autorität würdest du jener Glaubensrichtung, der du dich anschliessen würdest, enormes Gewicht verleihen.

Mohammed: Und du, von den Christen hochverehrter Messias, wie stelltest du dir deinen Auftritt im Lande der Eidgenossen vor?

Jesus: Es erginge mir überall auf der Welt genau gleich. Am problematischsten fiele mein Erscheinen im Vatikan aus.

Barkeeper: Ein Fiasko.

Jesus: Was bei meiner Wiederkehr auf die Erde passierte, hat der russische Schriftsteller Dostojewski vor 130 Jahren treffend beschrieben.

Mohammed: Du denkst an dessen Erzählung «Der Grossinquisitor».

Jesus: Darin lässt mich Dostojewski im spanischen Sevilla des 16. Jahrhunderts erscheinen. Die Inquisition verbreitet Schrecken und Terror. Wie einst in Palästina kümmere ich mich voller Mitgefühl um die verängstigten Menschen, berühre und stärke sie, schenke einem toten Kind sein Leben zurück.

Mohammed: Dann geschieht das Unfassbare. Die Leute erkennen dich, sind ausser sich vor Verwunderung. Da schreitet der Kardinal-Grossinquisitor ein, lässt dich verhaften und ins Gefängnis werfen.

Jesus: Dort besucht er mich und stellt mir die grausame Frage: «Warum bist du gekommen, uns zu stören? Morgen noch werde ich dich richten und dich als den ärgsten aller Ketzer auf dem Scheiterhaufen verbrennen.»

Barkeeper: Heute würdest du nicht mehr auf dem Scheiterhaufen landen. Die Leute würden dich für einen Spinner halten und in der Klapsmühle versorgen.

Mohammed: Wir können nicht wiederkommen, Jesus...

Jesus: ... dennoch liegen uns Schicksal, Chance und Zukunft des Christentums und des Islams am Herzen.

Mohammed: Ich denke an die muslimischen Gemeinden in der Schweiz. Es geht nicht mehr lange, steigt ihre Mitgliederzahl auf eine halbe Million. Sie müssen die Kriterien erfüllen, um öffentlich-rechtlich anerkannt zu werden.

Jesus: Ich bin erstaunt, Prophet! Dein Ziel ist es, für die muslimische Gemeinschaft Schweiz die öffentlich-rechtliche Anerkennung zu bekommen.

Mohammed: Auf diese Weise kommen wir zu Geld, können unsere Imame bezahlen, sind in der Lage, Moscheen zu bauen und sozial tätig zu sein. Zudem erlangen wir eine gesellschaftliche Anerkennung, die uns schon rein zahlenmässig zusteht. Schliesslich werden wir dadurch auch den drei christlichen Kirchen gleichgestellt.

Barkeeper: Das fehlte gerade noch! Dann beziehen Hassprediger für ihre Tiraden in arabischer Sprache einen fürstlichen Lohn.

Mohammed: Natürlich nicht. Die Ausbildung der Imame muss staatlich beaufsichtigt und geregelt sein. Im Konfliktfall hat sich die Religionsfreiheit dem schweizerischen Recht zu beugen. Die finanziellen Verhältnisse der Gemeinden sind offenzulegen. Parallelgemeinschaften haben keine Existenzberechtigung.

Jesus: Wenn dieser Weg Schule macht, werden in Kürze die Juden, orthodoxen Christen und andere religiöse oder weltanschauliche Gruppierungen staatliche Anerkennung fordern.

Barkeeper: Die Freidenker oder die Anthroposophen.

Mohammed: Spätestens in Medina bin ich zur Überzeugung gelangt, der Islam müsse seinen Siegeszug über die ganze Erde antreten. Allah hat mir bewusst gemacht, sein Gesandter zu sein. Der Islam ist eine hochwertige Religion. Die öffentliche Anerkennung in der Schweiz ist deswegen nur logisch.

Jesus: Ich mache mich stark für den entgegengesetzten Weg. Kirche und Staat sollen getrennt werden. Keine religiöse oder weltanschauliche Institution darf eine öffentlich-rechtliche Stellung bekommen. Die drei bisherigen Landeskirchen verlieren dieses Privileg.

Mohammed: Du willst allen Ernstes den christlichen Gemeinden den Geldhahn zudrehen?

Jesus: Das Feuer meines einstigen Lebens darf nicht vom Geld abhängen!

Mohammed: Das Feuer? Ich vermag kaum Feuer zu erkennen in den christlichen Gemeinden der Schweiz.

Jesus: Eben! Sie schlafen oder dösen vor sich hin, verwalten ihr Vermögen, können sonntags ihre Schäfchen bald einzeln zählen, machen mit Skandalen von sich reden. Man streitet um innerkirchliche Probleme, welche die Medien genüsslich aufbereiten.

Barkeeper: Die kirchlichen Funktionäre haben einen satten Lohn. Und predigen von Armut. Der Bischof der grössten Schweizer Diözese bezieht einen Jahreslohn von 180 000 Franken.

Jesus: Er verdient Geld für die Verkündigung des christlichen Glaubens? Unfassbar!

Mohammed: Nicht nur dieser katholische Spitzenmann. Die meisten Dienstträger der drei staatlich anerkannten Kirchen in der Schweiz sind bestens besoldet. Eine reformierte Pfarrperson im Kanton Zürich bezieht über 13 000 Franken Lohn pro Monat.

Jesus: Das ist äusserst gefährlich. Diese wirtschaftliche Sicherheit kann die Amtsträger derart satt machen ...

Barkeeper: ... passiert schon seit geraumer Zeit ...

Jesus: ..., dass sie nur noch Funktionäre sind und verwalten, statt kreativ, solidarisch und prophetisch meine einstigen Visionen zu leben. Die christlichen Gemeinden der ersten Jahrhunderte taten dies ohne die Macht des Geldes und ohne den Vorteil staatlicher Strukturen ...

Mohammed: ... dafür mit umso grösserer innerer Kraft und Überzeugung ...

Jesus: ... ohne dadurch sektiererische Züge anzunehmen!

Mohammed: Im 4. Jahrhundert kam das Unglück in der Person von Kaiser Konstantin.

Jesus: Mit seinem zweifelhaften Bekenntnis zum Christentum verhalf dieser römische Herrscher der erstarkenden Kirche zu immenser Macht, die sie über Jahrhunderte ausbaute und gnadenlos einsetzte. Nun sehne ich nichts so sehr herbei, wie das Ende der konstantinischen Gefangenschaft der christlichen Kirchen.

Mohammed: Begrüssest du in der Tat den vollständigen Zusammenbruch der christlichen Kirchen? Den Untergang des Papsttums?

Jesus: Ich habe weder eine Kirche gegründet, noch Priester geweiht, noch einen Papst eingesetzt. Das Einzige, woran mir lag, war der Anbruch einer gerechten und solidarischen Gesellschaft.

Mohammed: Eine solche Welt fällt nicht vom Himmel.

Jesus: Es sind Menschen, die sie aufbauen, weil sie aus innerer Kraft handeln und auf diese Weise andere überzeugen. Solche Menschen wünsche ich mir am Beginn des 21. Jahrhunderts für die ganze Welt, über alle Konfessionen und Religionen hinweg.

Barkeeper: Ein guter Rat: Such lieber nicht bei religiösen Menschen, seien es Hindus, Reformierte, Moslems, Katholiken ...

Jesus: Ich weiss, ich finde sie viel eher bei Humanisten, Atheisten oder Agnostikern.

Mohammed: Gerechtigkeit, Solidarität? Eine Vision aus jenen fernen Tagen, da ich mich aufmachte, dem mächtigsten Stamm Mekkas, den Quraisch, unerschrocken klarzumachen, wie sehr ihr ungerechtes Treiben die Menschen leiden lässt. Mir fällt es wie Schuppen von den Augen!

Jesus: Lass dich umarmen, Mohammed! Wir sind Brüder.

10. Szene **Wir sind Brüder**

Barkeeper: Gleich rufe ich es all meinen Gästen in der Bar zu: Dies beiden Herren hier ziehen am gleichen Strick!

Jesus: Bist du von Sinnen!

Mohammed: Verrate nur ja nicht unsere Namen.

Barkeeper: Am liebsten würde ich es tun, aber ich lasse es dabei bewenden, euch für diese Weltsensation den edelsten Drink meiner ganzen Barman-Karriere zu spendieren.

Jesus und Mohammed: Gerechtigkeit und Solidarität sind der Kern unserer gemeinsamen Botschaft.

Barkeeper: Scharia, Kleidervorschriften, Theokratie, Verurteilung Ungläubiger, radikales Alkoholverbot, Kalife, Geringschätzung der Frau, ...?

Mohammed: ... Vergiss es, Barman, das alles kommt nicht von Allah noch habe ich selber je solche Vorschriften angeordnet.

Barkeeper: Dogmen, die Trennung von Priestern und Laien, das Weiheverbot für Frauen, Sakramente, das Bollwerk des Vatikans ...?

Jesus: ... hat ebenso alles nichts mit mir zu tun!

Mohammed: Wir sind Brüder!

Jesus und Mohammed: In Gottes-Allahs Namen!

Barkeeper: Das hat weitreichende Konsequenzen!

Mohammed: Machst du jetzt deine Ankündigung wahr? Wirst du Moslem?

Jesus: Oder Christ?

Barkeeper: Bleibt in der Spur! Das spielt doch keine Rolle mehr. Die Konsequenzen, liebe Freunde, die gigantischen Konsequenzen!

Jesus: Christen und Moslems befehden sich nicht länger.

Mohammed: Nur noch lächerlich erscheint es, wenn Sunniten und Schiiten sich darum streiten, die besseren Moslems zu sein.

Jesus: Vorbei ist die konfessionelle Spaltung zwischen Katholiken, Reformierten, Christkatholiken und Orthodoxen. Es wird nur noch Christen geben.

Barkeeper: Sehe ich richtig? Mit Gott rechnet ihr beide aber schon, wenn auch auf unterschiedliche Weise?

Mohammed: Geht es aber um Gerechtigkeit und Solidarität, schlagen unsere Herzen im Gleichklang.

Barkeeper: Wie kommt ihr als religiöse Gestalten auf diese Begriffe, die im Programm jeder linken Partei stehen?

Jesus: Oh nein, das sind bei uns beiden nicht bloss Begriffe. Gerechtigkeit und Solidarität sind in unser beider Geschichte lebendig verankert und tatkräftig belegt.

Mohammed: Als ich in Mekka aufwuchs, kontrollierte der Stamm der Quraisch bereits seit über zweihundert Jahren die ganze Stadt, vor allem das Heiligtum, die Kaaba. Nur durch die Entrichtung eines Geldbetrags an die Stammesfürsten durften die Pilger die heilige Stätte betreten.

Barkeeper: Diese Quraisch, eine durchtriebene Abzockerbande?

Mohammed: Meilenweit entfernt vom Ideal einer geschwisterlichen Gesellschaft.

Jesus: Präzis wie zu meiner Zeit am Tempel in Jerusalem. Meine jüdischen Glaubensgenossen waren nach mosaischem Gesetz verpflichtet, im Tempel zu opfern. Das nützte eine geldgierige Tempelpriesterschaft schamlos aus. Sie zog einen lukrativen Handel mit Opfertieren auf.

Barkeeper: Dieselbe religiös motivierte, erbärmliche Ausbeutergesellschaft wie jene in Mekka!

Jesus: Eines Tages packte mich die nackte Wut. Ich entwickelte ungeahnte Kräfte und stiess die Tische der Geldwechsler reihenweise um ...

Mohammed: ... du, mit deiner filigranen Statur? Alle Achtung!

Barkeeper: Jesus alias James Bond, Respekt!

Jesus: Ich versichere euch, keiner hat gelacht. Heiliger Zorn verlieh mir Energien, von denen ich bis anhin keine Ahnung hatte.

Mohammed: Schritt denn niemand ein?

Jesus: Die Tempelpolizei war überfordert, denn meine Anhänger schlugen auch kräftig zu. Flugs holten die religiösen Gesetzeshüter Verstärkung bei den Römern. Mein Zorn stieg ins Unermessliche. Diesen römischen Haudegen habe ich gleich auch noch die Leviten verlesen und ihren Imperialismus an den Pranger gestellt.

Mohammed: Gott, bist du in Fahrt! So habe ich dich noch nicht erlebt.

Jesus: Das ist doch die Aufgabe eines Propheten: Im Namen Gottes die Stimme zu erheben, wo fromme Menschen glauben, dem Allmächtigen zu dienen, wenn sie Gebete und Opfer verrichten, daneben aber Menschen mobben, unterdrücken und verarmen lassen.

Mohammed: Exakt mein Vorwurf an die Quraisch.

Jesus: Du warst in Mekka der grosse Warner und unbequeme Querdenker. Wie nur hast du es als Vollwaise fertiggebracht, dir Gehör zu verschaffen?

Mohammed: Ich hatte Glück. Mein Onkel Abu Talib, Scheich des Clans der Banu Haschim, verschaffte mir die einmalige Chance, mich als Karawanenführer zu bewähren. Meine Ehe mit der angesehenen Geschäftsfrau Chadidscha öffnete mir die Türe zur Oberschicht Mekkas.

Jesus: Du, in elitärer Gesellschaft?

Mohammed: Weit über zehn Jahre lang. Und ich litt, musste zuschauen, wie die Stammesfürsten ihren Reichtum vermehrten und gleichzeitig die einfachen Leute ins Elend trieben. Und immer wieder stellten sie in der Kaaba schamlos ihre Verehrung der Götter zur Schau.

Barkeeper: Du hattest ja eine Engelsgeduld, bist jedenfalls nicht derart dreingefahren wie Jesus.

Mohammed: Meine Strategie war eine andere. Ihr müsst wissen: Die Beduinen glaubten sehr wohl an Allah, doch in ihren Vorstellungen herrschte er in unerreichbarer Ferne.

Barkeeper: Aha, ich rieche den Puck! Die Stammesfürsten sahen sich als kleine Allahs in dessen Stellvertretung.

Mohammed: Exakt. Eines Tages hielt ich diese blasierte Gesellschaft nicht mehr aus. Ich spürte eine unglaublich Kraft und wusste: Jetzt musst du im Auftrag Allahs reden.

Jesus: Siehst du, da hat Allah dich ganz offensichtlich in die klassische Rolle eines Propheten gerufen.

Mohammed: Den bass erstaunten Polytheisten verkündete ich, Allah sei fortan den Menschen ganz nahe und dulde nicht länger die Ausbeutung der Armen durch den Stamm der Quraisch. Diese revolutionäre Botschaft der sozialen Gerechtigkeit versetzte ganz Mekka in helle Aufregung. Die führenden Anhänger der alten Gottheiten verfluchten mich und trachteten mir nach dem Tod.

Jesus: Hättest du bloss zu Almosen und gnädiger Wohltätigkeit aufgerufen, wäre dir nichts passiert. Die Reichen von Mekka hätten dein Bemühen sogar gelobt.

Barkeeper: Ihr redet beide davon, Gerechtigkeit und Solidarität sei zu Lebzeiten euer zentrales Anliegen gewesen. Das sind grosse Worte. Was versteht ihr darunter?

Jesus: Recht ist ein juristischer Begriff, im Gesetz einer bestimmten Gesellschaft niedergeschrieben. Seine Anwendung lässt meist Gewinner und Verlierer zurück.

Mohammed: Etwas ganz anderes ist die Gerechtigkeit. Dieses Wort bekommt dann Sinn und Leben, wenn Menschen mit Respekt, liebevoll und uneigennützig miteinander umgehen.

Barkeeper: Wer gewinnt hier? Wer verliert?

Jesus: Gewinner der sozialen Gerechtigkeit sind Menschen, die bereit sind, den gesamten Wohlstandskuchen mit anderen Leuten zu teilen. Verlierer sind die Egoisten einer neoliberalen Marktwirtschaft.

Barkeeper: Und was ist Solidarität?

Mohammed: Wir geben dir ein Beispiel: Ein Freund eröffnet dir, er habe seine Arbeitsstelle verloren ...

Jesus: ... du gehst mit ihm essen, tröstest ihn, sagst ihm, du wollest dich nach deinen Möglichkeiten umsehen und wünschst ihm natürlich viel Glück bei seiner Suche um einen neuen Job.

Barkeeper: Pfui Teufel, hör auf, Jesus, das tönt ja fürchterlich. So ein Schleimer ist doch kein Freund!

Mohammed: Ein solidarischer Mensch palavert nicht salbungsvolle Worte daher. Er setzt alle Hebel in Bewegung und bleibt mit seinem Freund dran, bis dieser wieder eine Arbeit hat.

Jesus: Mutter Teresa muss ich euch nicht eigens vorstellen.

Barkeeper: Was hat sie mit unserem Thema zu tun?

Jesus: Sie hat sich über Jahrzehnte restlos für Menschen eingesetzt, denen das Leben nicht günstig gesinnt war ...

Mohammed: ... bekam dafür den Friedensnobelpreis ...

Jesus: ... und wurde von Papst Johannes-Paul II. selig gesprochen. Ich verneige mich vor ihr.

Mohammed: Ich gehe nicht so weit.

Jesus: Ach, Mohammed, nur weil Mutter Teresa eine Christin war!

Mohammed: Gewiss nicht. Aber ihrem Engagement fehlte eine wichtige Komponente. Sie hat jenen, die für die Entstehung täglicher Armut verantwortlich sind, den Spiegel nicht vors Gesicht gehalten. Sie hat gepflegt, aber nie gefragt, warum ihr Pflegen einem Fass ohne Boden gleichkommt.

Jesus: Genau dies hat der verstorbene brasilianische Erzbischof Dom Helder Camara getan. Solange er kritiklos, aber fürsorglich den Armen Brot organisierte, verehrten ihn selbst die Reichen wie einen Heiligen. Als der Geistliche zu fragen begann, warum die Hungernden nichts zu essen haben, beschimpften sie ihn als Kommunisten.

Mohammed: Es braucht beide Figuren! Das fraglose Zupacken einer Mutter Teresa und den Scharfsinn eines Helder Camara, der die Mechanismen gesellschaftlicher Machtverhältnisse schonungslos analysierte.

Barkeeper: Ich höre schon Ökonomen und Politiker aufheulen: Was erlauben sich verträumte Religiöse, sich in weltliche Dinge einzumischen, von denen sie keine Ahnung haben!

Jesus: Ja, ja, das kennen wir. Die Pfarrer sollen gefälligst den Glauben verkünden und nicht von der Kanzel herunter politisieren!

Mohammed: Das wäre dasselbe wie wenn man einem Winzer erklären würde: Pflege du nur schön deinen Weinberg, aber komme ja nicht etwa auf die Idee, Wein zu produzieren.

Jesus: Was Mohammed und ich der Welt bringen wollten, hat gesellschaftspolitische Konsequenzen.

Mohammed: Kurz: Religion ist Gesellschaftspolitik! Christliche und muslimische Religion sind Kräfte, die jede menschliche Gesellschaft formen und prägen.

Barkeeper: Deutliche Worte!

Mohammed: Ich mag die dümmliche Ignoranz dieser Politiker nicht mehr ertragen. Als Karawanenführer war ich ein äusserst erfolgreicher Kaufmann. Soll doch keiner kommen und behaupten, ich würde nichts von Ökonomie verstehen.

Barkeeper: Du warst auch kein Süssholzraspler, Jesus!

Jesus: Mein Vater war Zimmermann. Ich habe all die Probleme und auch Erfolge eines Handwerkers mitbekommen, habe erlebt, wie mein Vater sich um Aufträge bemühen musste, dabei aber stets darauf achtete, seinen Konkurrenten die Arbeit zu gönnen. Keine Spur von kapitalistischer Raffsucht.

Mohammed: Grausam, diese zerstörerische Macht des Geldes!

Jesus: Ein christlicher Theologe namens Johannes Calvin erklärte, Arbeit und Fleiss brächten Wohlstand, und dieser sei ein Zeichen besonderer Bestätigung und Zuneigung durch Gott.

Mohammed: Viele Menschen, gerade auch in christlichen Ländern, lechzen gierig nach Gewinn und Wachstum.

Jesus: Dabei täten sie gut daran, sich vom biblischen Schöpfungsbericht inspirieren zu lassen, statt über dessen angebliche Naivität zu schnöden.

Mohammed: Hilf mir auf die Sprünge.

Jesus: Die ersten beiden Menschen im Paradies hatten alles zur Verfügung, wonach sie gelüstete. Mussten sie denn ausgerechnet von diesem verbotenen Baum nehmen?

Mohammed: Du warst es doch, der zu Beginn unseres Gesprächs Evas Ungehorsam in den höchsten Tönen lobte.

Jesus: Dieser Schöpfungsmythos ist vielschichtig. Ich halte Evas Mut nach wie vor für eine menschheitsgeschichtlich wichtige Tat. Aber sie bringt ein anderes brisantes Thema auf den Plan, das in unseren Tagen höchst aktuell ist.

Barkeeper: Mir geht in Sachen Bibelverständnis wieder ein Licht auf. Adam und Eva konnten den Hals nicht voll kriegen.

Jesus: Von allem hätten sie im Paradies in Hülle und Fülle zur Verfügung gehabt. Aber mit ihrer unersättlichen Gier nach mehr und noch mehr brachten sie das Fass zum Überlaufen.

Mohammed: Von da her verstehe ich das Verbot Allahs sehr wohl. Er wollte einer krankhaften Habsucht den Riegel schieben ...

Jesus: ... nachdem er wohl fürchten musste, seine Geschöpfe wären dazu nicht mehr selbst in der Lage.

Mohammed: Heute sind sie es weniger denn je ...

Jesus: ... und verstehen den unschätzbaren Sinn dieser Geschichte immer noch nicht. – Ich glaube die ganzen sozialen Spannungen und Ungerechtigkeiten begannen mit der fatalen Erfindung des Zinses ...

Mohammed: ... und der Idee, Schulden zu machen, ein wahrhaft gefährliches, wirtschaftliches Lügengebäude.

Jesus: Was macht ein Mensch, der seine Schulden nicht mehr zurückbezahlen kann?

Mohammed: Wenn er Glück hat, findet er jemanden, der ihm die Schulden für eine bestimmte Zeit abnimmt.

Jesus: Er macht also neue Schulden und muss diese verzinsen.

Mohammed: Ich war Kaufmann und sage dir klipp und klar: Zinsen sind des Teufels! Das Zinsverbot steht ja schon in den Schriften des Mose und selbstverständlich auch im Koran.

Jesus: Stets aber waren findige Rechtsgelehrte zur Stelle, die das Verbot zu umgehen wussten.

Mohammed: Zinserträge sind höchstens dann erlaubt, wenn sie dem Gemeinwohl dienen.

Jesus: Unsere jüdische Tradition kennt die Praxis des Jubeljahres. Nach jeweils fünfzig Jahren riefen die Israeliten zur umfassenden Amnestie aus. Alle Sklaven bekamen die Freiheit geschenkt, sämtliche Schulden wurden erlassen, alle Felder ruhten. Stellt euch das vor, alle Felder ruhten für ein ganzes Jahr!

Barkeeper: Ich müsste meine Bar wieder in einen allgemeinen Besitz-Pool geben?

Mohammed: Die gesamte moderne Wirtschaft und Industrie würde für ein ganzes Jahr ruhen? Wir machen uns mit diesem Gedanken lächerlich, Jesus.

Jesus: Wer sagt denn, die Idee des Jubeljahres müsse eins zu eins in die Moderne umgesetzt werden? Das Jubeljahr könnte ein kreativer Impuls sein, die Auswirkungen einer wuchernden Wirtschafts- und Finanzwelt kritisch zu überdenken.

Barkeeper: Wie denn konkret?

Jesus: Der reiche Westen verzeichnet Jahr um Jahr eine Überproduktion an Nahrungsmitteln.

Mohammed: Muss ich denn aus über 20 Sorten auswählen können, wenn ich Joghurt kaufen will?

Jesus: Wir können zehn oder gar zwanzig Milliarden Menschen auf diesem Planeten ernähren. Das ist einzig und allein eine Frage der Möglichkeit, Nahrung dort zu produzieren, wo sie auch konsumiert wird.

Mohammed: Ein Appell an die Wirtschaftspolitik.

Jesus: Genau dort liegt der Hund begraben. Es gibt politische Kräfte, die eine gerechte Nahrungsproduktion gar nicht wollen.

Barkeeper: Was ist mit der Auszahlung von Boni!

Jesus: Eine erbärmliche Frechheit!

Mohammed: Der Gipfel einer egoistischen Kapitalismusorgie!

Barkeeper: Wenn es hoch kommt, verdiene ich pro Jahr rund 90 000 Franken. Andere verdienen das x-fache davon.

Mohammed: Verdienen, sagst du?

Jesus: Kein Mensch kann in einem Jahr so viel arbeiten, dass er Millionenbeträge verdiente.

Barkeeper: Klartext bitte, Jesus!

Jesus: Niemand sollte mehr als 500 000 und weniger als 45 000 Franken Lohn im Jahr beziehen. Alles darüber und darunter scheint mir ungerecht.

Mohammed: Adam und Eva begingen den folgenreichen Fehler, sich nicht selber Grenzen zu setzen. Sie lebten im Überfluss und konnten damit nicht umgehen.

Jesus: Die Industrienationen befinden sich heute in der haargenau selben Situation, und die so genannten Schwellenländer sind in ihrem Eifer drauf und dran, es ihnen gleichzutun. Gerechtigkeit und Solidarität scheinen nicht die geringste Chance zu haben.

Mohammed: Darwins Theorie vom Überleben der Fittesten treibt die freie Marktwirtschaft atemlos voran. Wer nicht mithalten kann, verliert seinen Job. Wer mit seinem Unternehmen den Konkurrenten nicht frisst, wird selber gefressen.

Barkeeper: Schöne Idee, eure Gerechtigkeit und Solidarität. Nur, wer so lebt, geht unter.

Jesus: Ich bin vor zweitausend Jahren tatsächlich untergegangen.

Mohammed: Aber nur für eine ganz kurze Zeit. Dich als Menschen haben sie getötet. Gerechtigkeit und Solidarität aber konnten sie nicht auslöschen. – Gerecht und solidarisch zu leben gilt übrigens für den Umgang mit jeglicher lebendiger Kreatur, auch mit Tieren und Pflanzen.

Jesus: Eine hoch brisante gesellschaftspolitische Forderung.

Mohammed: Wohlbemerkt aus der Kreativwerkstatt des Christentums und des Islam!

Jesus: Ich bin stolz auf uns beide, Prophet Allahs und freue mich, wie einmütig wir in dieser Frage sind.

Barkeeper: Fehlt zu Friede, Freude, Eierkuchen nur noch meine Info.

Jesus: Also muss sie positiv sein.

Barkeeper: Unsere Wette! Ich habe immerhin noch eine dritte Person gefunden. Frank, der alte Alkoholiker. Er kam jede Woche hier vorbei. Wir haben zwar nie über Religion gesprochen. Doch einmal lallte er etwas daher, er sei gottlos. Plötzlich rührte er keinen Alkohol mehr an.

Mohammed: Darauf hast du ihn angesprochen?

Barkeeper: Ich freute mich für ihn und auch wieder nicht.

Jesus: Wie sollen wir das verstehen?

Barkeeper: Es lief wieder mal ganz nach Drehbuch. Vor seiner Abstinenz sprach Franz in angeheitertem Zustand eine Frau an. Die liess sich auf ihn ein ...

Jesus: ... in gezielter Absicht ...

Barkeeper: ... aber hallo! Die Frau machte das so geschickt, dass Frank nach wenigen Tagen sämtlichem Alkohol die lange Nase zeigte. Er trinkt keinen Tropfen mehr.

Jesus: Dafür hängt Frank jetzt an einer anderen Droge.

Barkeeper: Leider! Die Frau ist Mitglied einer christlichen Sekte.

Mohammed: Ja Barman, die Wette ist verloren und der Einsatz nur zu einem Drittel eingelöst.

Barkeeper: Mich würde zum Thema Solidarität viel mehr noch ein Beispiel für die Schweiz interessieren.

Jesus: Die Volksinitiative «Abtreibungsfinanzierung ist Privatsache» verlangt, dass Abtreibungen nicht mehr von der Krankenversicherung bezahlt werden.

Barkeeper: Ein typischer Spleen aus der religiös-konservativen Ecke. Würde die Initiative angenommen, bliebe doch ein grosses Stück Solidarität auf der Strecke.

Mohammed: Eine Abtreibung soll von der Allgemeinheit unterstützt werden? Töten soll finanziell von allen Versicherten finanziell mitgetragen werden? Ist das Solidarität?

Jesus: Wir müssen unterscheiden. Das Eine ist die ethische Frage nach der Beurteilung eines Schwangerschaftsabbruchs. Dieses Problem gehen wir hier nicht an.

Barkeeper: Ich habe ja nach Solidarität in der Schweiz gefragt.

Mohammed: Eine finanzielle Solidarität mit Abtreibenden erachte ich für einen kalten und technischen Verwaltungsakt. Geld geht anonym an eine notleidende Frau.

Jesus: Diese Solidarität hat kein Gesicht, keine Wärme, kein kraftvolles Engagement. Sie ist distanziert, nach dem Motto: Ich gebe dir ja gerne etwas, nur bleibe mir bitte vom Leib.

Mohammed: Und genau dieser Leib ist für eine humane Solidarität von grösster Bedeutung.

Barkeeper: Was heisst denn das wieder?

Mohammed: Wer auf langfristige Weise solidarisch sein will, wirft dem Bedürftigen nicht aus sicherer Distanz eine Münze zu, um sein Gewissen zu beruhigen. Die Stärke einer solidarischen Gesellschaft zeigt sich in Menschen, die mit Leib und Seele zupacken.

Jeus: Im Fall einer abtreibungswilligen Frau sind Menschen gefragt, die ihr direkt und vollumfänglich zur Seite stehen, einfühlsam, als kritische Gesprächspartner für die Entscheidungsfindung und durchaus auch materiell.

Barkeeper: Wenn ich dir und Mohammed zuhöre, tönt es wie wenn zwei Politiker aus dem linken Lager bei mir an der Bar sässen.

Mohammed: Wir würden uns mit diesen beiden Herren zweifellos gut verstehen.

Jesus: Die Frage ist nur, ob sie die Quelle, die unsere gesellschaftspolitischen Optionen speist, mit uns teilen würden.

Barkeeper: Welche Quelle?

Jesus: Gott!

Mohammed: Ja, Allah!

Barkeeper: Was hat denn ein Gott bei diesem Thema verloren?

Mohammed: Du sprichst wie ein Atheist.

Jesus: Diese Atheisten! Sie kommen sich unglaublich souverän, aufgeklärt und fortschrittlich vor, wenn sie Gott ins Reich der Märchen verbannen.

Mohammed: Ernst zu nehmen sei nur, was sich messen und experimentell wiederholen lässt, sagen sie. Über Gott nachzudenken sei reine Zeitverschwendung.

Jesus: Wenn wir ihn als Person, womöglich noch männlich und jenseitig verkünden, geraten wir in enorme Schwierigkeiten. Eine Person hat immer ihre Grenzen, ist den Gesetzen von Raum und Zeit unterworfen.

Barkeeper: Du willst dich von Gott verabschieden?

Jesus: Dann wäre ich genauso ignorant und überheblich wie die Atheisten.

Mohammed: Und gefährlich dazu!

Barkeeper: Warum gefährlich?

Mohammed: Atheisten sind nur der eigenen Vernunft verpflichtet und sind sich damit selbst das Mass aller Dinge. Das kann überheblich wirken. Es fehlt ihnen die Bescheidenheit.

Jesus: Jene menschliche Grundhaltung, die auch Adam und Eva abhandengekommen war.

Mohammed: Die Demut, einzugestehen, dass sie endlich sind und nur vorübergehend als Gast auf dieser Erde leben dürfen.

Jesus: Genau das will die so oft belächelte Geschichte von Gott, Adam und Eva im Paradies den Menschen zu allen Zeiten bewusst machen …

Mohammed: … auch den Atheisten. Die Geschichte richtet sich an alle Menschen, unabhängig von ihrer Weltanschauung.

Jesus: Gott als diskrete Stimme im Hintergrund: Mensch, bleibe bescheiden und vergiss nicht, du bist vorläufig.

Mohammed: Ignoriert ein Mensch diese Stimme notorisch und willentlich …

Jesus: … die Atheisten! …

Mohammed: … macht der Mensch sich selbst zu Gott. Es fehlt ihm das kritische Korrektiv.

Jesus: Jüngst habe ich ein zauberhaftes Bild für die Beziehung zwischen Gott und Mensch gesehen: Ein weites Meer und eine riesige Welle. Das Meer ist Gott, die Welle der Mensch. Das Meer hat die Welle geschaffen, für ein paar Augenblicke nur, dann verschmilzt sie wieder mit dem Meer.

Barkeeper: Ich flippe aus! Ein Gottesbeweis!

Jesus: Ich bin noch nicht fertig. Wenn die Welle wüsste, dass sie einzig aus dem Wasser des Meeres besteht, könnte sie ihr kurzes Dasein in vollen Zügen geniessen und könnte sich getrost und ohne Angst zu sterben, ins unendliche Meer zurückfallen lassen.

Mohammed: Nur ein Symbol, werden streng Glaubende unter unseren Anhängern kritisieren.

Jesus: Nur? Dann haben sie keine Ahnung von der schöpferischen Gestaltungskraft eines Symbols. Als solches fordert «Gott» den Menschen jederzeit auf, seine eigenen Fähigkeiten zu entwickeln und die Welt zu gestalten.

Barkeeper: Funktioniert wie das Symbol Wilhelm Tell, an den auch niemand bloss glaubt...

Mohammed: ..., der aber im Verlaufe der Schweizer Geschichte immer wieder wirkmächtig auftritt, wenn er die Einwohner des Landes zu Freiheit und Unabhängigkeit anstiftet.

Jesus: Allerdings könnte ich mir vorstellen, ein Atheist wäre vielleicht gar noch besser in der Lage, «Gott» ins Leben umzusetzen als ein frommer Christ oder ein strenggläubiger Moslem, die sich als Stellvertreter eines jenseitigen Gottes auf Erden aufführen wie die Elefanten im Porzellanladen.

Mohammed: Gläubige Atheisten? – Du alter Dialektiker!

Jesus: Humanist, wenn ich bitten darf.

Der interreligiöse Dialog – eine Sisyphusarbeit?

von Eduard Kaeser

Ist der Dialog zwischen Religionen überhaupt möglich?

Im Glauben steckt eine ungeheure spirituelle Kernenergie. Sie bindet und spaltet Menschen, und gerade in Spaltprodukten wie konfessionellen Zwistigkeiten und Diskriminierungen entfesselt sie ein zerstörerisches Potenzial. Der Mensch, so Mark Twain, ist «das einzige Tier, das seinen Nächsten wie sich selber liebt und, wenn dessen Theologie nicht stimmt, ihm die Kehle durchschneidet». Das hat in jüngerer Zeit den Verdacht geschürt, Religion sei per se nicht dialogfähig, ja, sie sei der immaterielle Zunder für all die Glaubenspyromanen, die im Namen Gottes den Globus mit Flächenbränden und punktuellen Terrorakten überziehen. Und aus solchen beunruhigenden Zeitphänomenen schlagen die Ungebildeten unter den Verächtern der Religion den Profit einer flachen und billigen Glaubenskritik, wenn sie in Büchern wie «Der Gotteswahn» (Richard Dawkins) das atheistische Evangelium verbreiten, Religion sei eine gewaltfördernde Geisteskrankheit und gehöre um des «evolutionären» Nutzens der Menschheit willen eigentlich ausgemerzt». Religion und Gewalt sind das Begriffspaar, das die zeitgeistige Diskussion mehr auf Touren zu bringen scheint als Religion und Dialog.

Natürlich ist die Frage provokativ, und das Provokative rhetorisch gemeint. Es gibt den Dialog, es hat ihn immer gegeben. Interessant wird die Frage dann, wenn sie sich auf kulturbedingte Hindernisse eines interreligiösen Dialogs richtet. Denn meist ist es ja gerade der eigene Glaube, der einem im Verständnis des anderen Glaubens im Wege steht. Die Brille auf der eigenen Nase sieht man nicht. Ich suggeriere damit selbstverständlich nicht, dem eigenen Glauben abzuschwören, um den fremden zu verstehen. Das bedeutete letztlich Konversion. Aber es kann von Vorteil sein, sich solcher Hindernisse bewusst zu werden, nicht nur, um den Anderen, sondern auch – und wahrscheinlich viel eher – sich selber besser kennenzulernen. Das wäre nicht das schlechteste Resultat eines interreligiösen Dialogs. Wenn es für den Gläubigen auf dem Weg zu Gott viele Kräfte der Irreführung gibt, die es zu bekämpfen gilt, dann gibt es auf dem Weg zum anderen Gläubigen ebensoviele Behinderungen. Werfen wir einen Blick auf deren vier: Purismus, Fehlhörigkeit, Doppelstandard, mangelndes Horizontbewusstsein.

Religiöser Purismus

Zur vordergründigen Problematik des interreligiösen Dialogs gehört der unüberbrück-
bare Dissens: Bestimmte Glaubensinhalte, Riten und Bräuche erscheinen als nicht ver-
handelbar, eben weil sie von Gott geoffenbart oder «diktiert» sind. Was den einen tiefe
Gewissheit ist, kommt den andern ebenso tief absurd vor, z. B. dass Gott Mensch werden könne oder ein Kirchenfürst sich das Amt eines «Stellvertreters» dieses menschge-
wordenen Gottes anmasst. Ein solcher Dissens verunmöglicht freilich nicht zwingend
das Gespräch. Im Gegenteil, er kann es geradezu befruchten, sofern man den Geltungs-
anspruch der teilnehmenden Positionen «einklammert» und den Dialog unter der Bedingung führt, dass auch der Andere recht haben könnte; wenn, anders gesagt, der Dialog
in einem Klima des Sowohl-als-auch und nicht des Entweder-oder stattfindet.

Das ist nun freilich leichter gesagt als getan. Wir neigen immer wieder zum harten,
unduldsamen Entweder-oder. Selbst auf einem reflektierten Niveau, wie man es übli-
cherweise von einer modernen europäischen Universität erwarten möchte, sind Konflikte aufgrund eines tiefen religiösen Dissenses offenbar nicht ausgeschlossen. Am Zentrum für religiöse Studien der deutschen Universität Münster, wo der erste Lehrstuhl für
den Islamunterricht eingeführt worden war, kam es schon bald zum Konflikt zwischen
Lehre und Glauben. Der zuständige Professor, Sven Muhammad Kalisch (vom Protestan-
tismus zum Islam konvertiert), vertrat u. a. die Ansicht, dass aus den Worten des Propheten seine persönlichen mystischen Erfahrungen, nicht Gott selber spreche. Das war
zu viel des liberalen hermeneutischen Geistes. 2008 wurde Kalisch auf die Intervention
muslimischer Verbände hin der Lehrauftrag entzogen.

Nun ist die Frage von Kalisch alt, und sie wird überall von Menschen gestellt, die denken.
Letztlich handelt es sich nicht um einen Konflikt zwischen Religionen, sondern zwischen
liberalen und orthodoxen Auslegungen ihrer Glaubensinhalte. Fundamentalismen sind
Auswüchse regressiver, voraufklärerischer, exklusiver und puristischer Weltsichten. Der
Purist liest im heiligen Text Gottes unantastbares Wort. Daran gibt es nichts zu deuten.
Aber wenn Gott zum Menschen spricht, dann kann dieser kommunikative Kontakt nur
über Menschen geschehen, und Menschenworte – auch jene von Propheten und
Erleuchteten oder sonstwie «Erwählten» – sind nie völlig unmissverständlich und endgültig. Das ist das hermeneutische Dilemma: Insofern Gottes Wort eindeutig ist, übersteigt es den menschlichen Verstand; und insofern es vom Menschen verstanden wird,
ist es nicht eindeutig. Gottes Wort mag einer reinen Quelle entsprungen sein, aber es
hat eine Geschichte unter Menschen, und gerade diese Geschichte verleiht ihm Konti-
nuität, hält es am Leben, kontaminiert es freilich auch mit Mehrdeutigkeiten.

Orthodoxe Korangelehrte wehren das Dilemma ab, indem sie sich im puristischen Dogma der Wörtlichkeit, der Unübersetzbarkeit des Koran in die Sprache der Alltagswelt verschanzen. Und dadurch entziehen sie dem heiligen Text den Nährboden zeitgemässen Fortlebens. Ihnen stehen moderne muslimische Koranwissenschafter gegenüber, die sich um eine historische Interpretation der sakralen Texte bemühen. Damit bauen sie an nichts weniger als an der Basis einer Hermeneutik des Korans, die ihn sowohl aus dem ideologischen Dunstkreis der Fundamentalisten als auch aus den exegetischen Hoheitsgebieten zahlreicher gottesgelehrter «Autoritäten» herausführt.

Religiöse Fehlhörigkeit

Religiöse Fehlhörigkeit ist ein anerzogenes Defizit und bedeutet, dass man Äusserungen des Anderen absichtlich oder unabsichtlich missversteht. Die jüngere Geschichte gerade der christlich-islamischen Begegnungen strotzt nur so von Fehlhörigkeiten. Man denkt natürlich zunächst einmal an die schrillen Kontroversen um die Karikaturen des Propheten oder um die Regensburger «Fettnäpfchen»-Rede von Papst Benedikt XVI. im Jahre 2006. Es geht hier nicht um das orchestrierte Beleidigtsein eines politisch instrumentalisierten islamischen Mobs. Wir müssen vielmehr nach den oft stillschweigenden Voraussetzungen des gegenseitigen Verständnisses selbst fragen. Und eine dieser Voraussetzungen ist – gerade in einer Zeit der Überempfindlichkeit – der Sinn für die Mehrdeutigkeit und diffizile Kontextabhängigkeit religiöser Äusserungen.

Die Fehlhörigkeit zeigt sich auch bei feineren Tönen. Der iranische, in Deutschland geborene Autor und Islamwissenschafter Navid Kermani hat sich immer wieder um eine zeitgemässe Interpretation des Islam bemüht und sich gerade dadurch um eine interreligiöse Verständigung verdient gemacht. In einer Betrachtung des Gemäldes «Kreuzigung» von Guido Reni *(Neue Zürcher Zeitung, 14.3.09)* meldete Kermani das muslimische Unbehagen an der Verbildlichung des Martyriums Christi und Zweifel am Kreuzestod an. Eine intelligente Meditation, geradezu geschaffen für eine – durchaus kontroverse – interreligiöse Erörterung der theologischen Symbolik. Der Mainzer Kardinal Karl Lehmann sah darin freilich einen «unversöhnlichen Angriff» auf den christlichen Glauben. Das mutet umso unverständlicher an, als Kermanis Bildbetrachtung weder betont angriffig noch unversöhnlich erscheint (zumindest nicht einem unvoreingenommenen Leser), vielmehr gerade bei allen Vorbehalten gegenüber dem Kreuz durch eine selbstkritische Note besticht. Kermani, für den Hessischen Kulturpreis – notabene im Zeichen des «interreligiösen Dialogs» – nominiert, wurde auf diese Kritik hin wiederum ausgeladen. Dass er schliesslich doch zusammen mit je einem Vertreter der anderen abrahamitischen Religionen den Preis in Empfang nehmen konnte, vertreibt nicht den unangenehmen Geruch, der nach dieser interreligiösen Posse in der Luft hängt.

Doppelter Standard

Der interreligiöse Dialog leidet an einem altbekannten Versäumnis: Nicht vor der eigenen Haustüre kehren. Man kreidet dem Anderen Dinge an, die man bei genauem und ehrlichem Hinsehen eigentlich selber auch (nicht) tut. Man registriert im anderen Haus Frauenunterdrückung, unterlässt aber die Frage, wie es mit der Stellung der Frau im eigenen Haus steht. Man spricht von Fundamentalismus in der anderen Religion, übersieht aber die Fundamentalismen der eigenen. Das geschieht oft unscheinbar und subtil, und wird entsprechend kaum wahrgenommen.

Der Philosoph Elmar Holenstein hat in diesem Zusammenhang eine «Daumenregel» formuliert, die er Nos-quoque-Argument nennt: Was ihr tut (oder nicht tut), tun wir ja auch (nicht). Diese Einsicht arbeitet dem Hang zur Selbstgerechtigkeit entgegen, alles, was in der anderen Religion als rückständig und menschenunwürdig erscheint, als spezifisch für diese Religion zu betrachten. Wer sich z. B. über die 72 Jungfrauen im muslimischen Paradies lustig macht, täte zum Ausgleich gut daran, sich für einen Augenblick vorzustellen, wie denn der eucharistische «Kannibalismus» auf einen gläubigen Muslim wirken muss; wer sich als Muslim über die Dekadenz des Westens auslässt, muss sich die Frage gefallen lassen, wie es denn mit den Dekadenzerscheinungen in islamisch geprägten Gesellschaften stehe. Hüben und drüben sind ideologische Nebelwerfer am Nichtwahrnehmen der eigenen Rückständigkeit eifrig am Werk.

Wichtig am Nos-quoque-Argument ist natürlich seine positive Seite, welche es vor allem für den Dialog zu nutzen gilt. Nicht nur ihr im Westen habt eine Aufklärung, auch wir haben sie in unserer islamischen Tradition; nicht nur ihr habt ein politisches Bedürfnis nach Demokratie, sondern auch wir, obwohl wir vielleicht nicht die gleiche historische Erfahrung haben; nicht nur ihr habt ein Menschenrechtsdenken, es lässt sich auch aus unserer philosophisch-religiösen Überlieferung rechtfertigen. Dass solche Stimmen aus dem anderen Glauben heute vom Geschrei der Scharfmacher übertönt wird, sollte uns nicht davon abhalten, unseren Sinn für den Doublespeak in Glaubensangelegenheiten zu schärfen.

Mangel an Horizontbewusstsein

Religion gibt es nur im Plural. Das ist das Kernproblem des interreligiösen Dialogs. Denn im Grunde ist jede Religion singularistisch, sagt sie: Ich bin der einzige und wahre Glaube. Das hat wahrscheinlich auch mit der Ontogenese der Religiosität zu tun, die immer im Milieu partikularer Sitten und Bräuche erfolgt. Wer in eine strenggläubige katholische Familie in Italien oder Argentinien hineingeboren wird, führt mit hoher Wahrscheinlichkeit wiederum ein entsprechendes Leben. Analoges gilt für einen Muslim in Pakistan oder Indonesien. Die «natürliche» Zentriertheit des Glaubens bildet um ein Individuum herum zeitlebens seinen Horizont. Zum menschlichen Blick gehört sein Horizont, der Horizont von Tradition, Profession, Kultur, Religion, Wissenschaft. Der Horizont öffnet und begrenzt den Blick zugleich. Er lässt sich erweitern und mit andern verschmelzen. Er ist mobil, er wandert mit mir, ich trage ihn in meiner Perspektive überall hin. Er hat auch einen normativen Charakter: er definiert, was sein soll, was gut ist und was schlecht.

All dies erscheint so selbstverständlich, dass die Problematik eines solchen Zentrismus meist unbemerkt bleibt. Und gerade die Unbemerktheit kann dazu führen, dass man – explizit oder implizit – die religiösen Unterschiede wertend einfärbt: das Glaubens-«Plus» auf der einen Seite mit einem Glaubens-«Minus» auf der anderen Seite verknüpft. Die Frage stellt sich dann fast von selbst, wie es kommen konnte, dass nur ein Teil der Menschheit die Gnade eines religiösen «Plus» erfahren hat, der andere nicht. Und wenn man von diesem «Plus» überzeugt ist, «fundamental» überzeugt, dann neigt man auch leicht zur Annahme, Gott habe den einen Teil der Menschheit ausersehen. Dann gibt es nur die beiden sattsam bekannten Alternativen in der Haltung zum anderen Glauben: Missionieren oder bekämpfen.

Der Einschluss in den eigenen Horizont lässt sich nicht überwinden. Wohl aber kann man sich seiner bewusst werden. Ich nenne dies Horizontbewusstsein. Es bedeutet nicht Relativismus. Es bedeutet nur das Eingeständnis, dass es jenseits des Horizonts auch noch eine Welt gibt. Das Grunddefizit der Zentriertheit ist die Meinung, der eigene Horizont sei «die» Welt. Man kennt dies aus der Entwicklungspsychologie als Merkmal kindlicher Mentalität. Im Erwachsenenalter verliert aber dieser Infantilismus seine Unschuld. Dezentrierung wäre also eine notwendige Voraussetzung des Dialogs. Ebensowenig wie eine Abstandnahme von sich selber eine Selbstaufgabe bedeutet, impliziert eine Abstandnahme unter Bewahrung des eigenen Glaubens ein Abfall von ihm. Vielmehr ist sie Zeugnis eines «erwachsenen» Glaubens.

Der Andersgläubige ist der andere Gläubige

Wird der Dialog vielleicht zu hoch gehandelt? Gibt es nicht überall friedvolle Koexistenz der Religionen auch ohne Dialog? Die Idee ist durchaus bedenkenswert: Statt Dialog erst einmal Gelassenheit, das Seinlassen des Anderen. Statt übertriebene Beachtung des anderen Glaubens eine wohlwollende Nichtbeachtung. Eine Gleich-Gültigkeit, die sich gerade in den zunehmend multikulturell geprägten urbanen Zentren Europas als elementare Kulturkompetenz des Nebeneinander-Durchwurstelns empfiehlt. Gleich-Gültigkeit bedeutet nicht abwertende, ausschliessende Indifferenz, sondern eine durchaus anerkennende, einschliessende Haltung gegenüber dem Anderen. Ich sehe im Supermarkt die Frau aus dem Kosovo, nicht die Muslimin; den pakistanischen Krankenpfleger, nicht den Muslim; kurz: ich sehe primär die Person, die zufälligerweise einem anderen

Glauben angehört. Durch meine Gleich-Gültigkeit anerkenne ich ihren selbstverständlichen Platz in der Gesellschaft, zolle ich einen Respekt, der aber nicht dem Glauben geschuldet ist. Grundvoraussetzung: Der Staat gewährt die vorgeordneten säkularen Bedingungen einer solchen Gleich-Gültigkeit. Es steht zu vermuten, dass viele kulturelle und religiöse Konflikte sich zumindest entschärfen lassen, wenn man sie in diesem Sinne entkulturalisiert bzw. entreligionisiert.

Oder sollte man sagen: Wer nur einer Religion angehört, hat keine Religion? Was könnte dies mehr bedeuten als die heute gängige Konsumhaltung im Selbstbedienungsladen des Spirituellen? Der deutsche Ägyptologe und Kulturwissenschafter Jan Assmann hat von der «Religio Duplex» gesprochen, vom Glauben in doppelter Ausführung sozusagen. Die erste Religion ist die Haus-Religion, die Sinn- und Identitätsstifterin; die zweite Religion ist jenes skizzierte universelle Horizontbewusstsein, welches mir sagt, dass es viele solche Häuser gibt: das Mittel der Verständigung und des Zusammenlebens. Als «allgemeine Menschenreligion» schwebte sie dem Aufklärer Moses Mendelssohn vor Augen. Sie ist keine göttliche Offenbarung, sondern eine menschliche Errungenschaft, oder eher: ein anzustrebendes (und letztlich nicht erreichbares) Ziel. In diesem Sinn könnte man heute von einer unverzichtbaren ökumenischen Vernunft sprechen, welche von der Einheit in der Verschiedenheit der Religionen ausgeht. Sie zeichnet keine als einzigartig aus. Und gerade unter dieser Voraussetzung der pluralen Einzigartigkeit kann es zu einer Horizontverschmelzung kommen. Sie bedeutet ja: Es gibt viele verschiedene Zentren in einem gemeinsamen Horizont.

Es gälte also, kurz gesagt, den Andersgläubigen nicht primär als den anderen Glauben, sondern als den anderen Gläubigen wahrzunehmen – als die Person, die sich genauso wie ich auf Erden mit dem Himmel abmüht – und an ihm scheitert. Wenn es etwas Übergreifendes gibt, das die Religionen in ihrer Differenz eint, dann ist es das Scheitern an der Transzendenz. Wirklich ökumenisch sind wir im Nichtwissen um Gott und seine Existenz. Ein solches Eingeständnis wäre zugleich die Chance eines Dialogs «inter pares». Man erinnert sich an die Ringparabel von Lessing: Jeder soll seine Religion praktizieren können, im Bewusstsein aber, dass er nicht im Besitz «der» Wahrheit ist. Die Verborgenheit der Wahrheit macht uns nicht nur gleich vor der Transzendenz, sie macht uns durchlässiger, hellhöriger, sensibler – anfällig für das Lernen voneinander. Religion ist zu wichtig, um sie den «Experten» – den Würdenträgern, Funktionären und Doktrinären des Glaubens – zu überlassen. Der Dialog hat immer wieder ganz von vorne anzufangen. Er ist eine Sisyphusarbeit, verrichtet vom Laien. Der Verdacht ist deshalb nicht von der Hand zu weisen, dass das interreligiöse Gespräch seine erneuernde Kraft am nachhaltigsten da entfaltet, wo es aufhört, «rein» religiös zu sein.